BOSHI WENKU

〔管理学〕

地方政府的土地违法行为及治理研究

DIFANG ZHENGFU DE TUDI WEIFA XINGWEI JI ZHILI YANJIU

饶映雪 著

知识产权出版社
全国百佳图书出版单位

图书在版编目（CIP）数据

地方政府的土地违法行为及治理研究／饶映雪著．—北京：知识产权出版社，2015.12

ISBN 978-7-5130-3986-4

Ⅰ.①地… Ⅱ.①饶… Ⅲ.①地方政府—土地管理—研究—中国 Ⅳ.①F321.1

中国版本图书馆 CIP 数据核字（2015）第 296745 号

责任编辑：刘 睿 刘 江　　**责任校对**：潘凤越
特约编辑：李 娇　　**责任出版**：刘译文

地方政府的土地违法行为及治理研究

饶映雪　著

出版发行：知识产权出版社有限责任公司　　**网　址**：http：//www. ipph. cn
社　址：北京市海淀区气象路 50 号院　　**邮　编**：100081
责编电话：010-82000860 转 8344　　**责编邮箱**：liujiang@ cnipr. com
发行电话：010-82000860 转 8101/8102　　**发行传真**：010-82000893/82005070/82000270
印　刷：北京建宏印刷有限公司　　**经　销**：各大网上书店、新华书店及相关专业书店
开　本：720mm×1000mm　1/16　　**印　张**：12. 75
版　次：2015 年 12 月第一版　　**印　次**：2015 年 12 月第一次印刷
字　数：198 千字　　**定　价**：35. 00 元
ISBN 978-7-5130-3986-4

目录

1

XULUN

绪　论

1.1 研究背景及研究意义

1.1.1 研究背景

（1）地方政府土地违法形势严峻

随着我国经济社会的快速发展和土地资产价值的日益凸显，土地违法问题层出不穷，其中，地方政府默许、纵容和主导下的土地违法最引人注目，已成为我国土地管理和社会发展面临的严峻问题。

据国土资源部统计数据，1999～2011 年土地违法的案件总数达 1 302 795 件，涉及土地面积 612 882.2 公顷，其中以地方政府为主体和涉及地方政府的涉案土地面积占违法用地面积的 79.1%，平均涉案耕地面积占违法用地面积的 47.6%。土地违法的所有主体中，地方政府的案均土地面积最大，其次分别为企事业单位、村集体和个人。根据图 1-1 可见，1999～2011 年地方政府、企事业单位、村集体和个人土地违法的案均土地面积分别为 2.87 公顷、1.54 公顷、0.82 公顷和 0.17 公顷。

1999～2011 年地方政府和企事业单位土地违法的案件比重平均为 23%，而涉案土地面积和涉案耕地面积的比重平均高达 69% 和 68%，个别年份更是在 75% 以上（见表 1-1）。这说明地方政府主导、默许和纵容下的土地违法数量虽少，但涉案土地面积和耕地面积很大，[1] 个人土地违法的案件数量多但涉案土地面积和耕地面积较小。因此，相对于其他主体而言，地方政府的土地违法行为占用土地特别是耕地的面积更多，具有更强的危害性。

[1] 国土资源部耕地保护司负责人在接受记者采访时也曾说，根据历年利用卫星遥感技术监测执法检查的实际数据估算，被监测城市每年新增建设用地 95% 以上属于农村集体农用地。而在新增建设用地中，违法占用农村集体农用地的宗数、面积以及耕地面积，几乎都在 50% 以上。

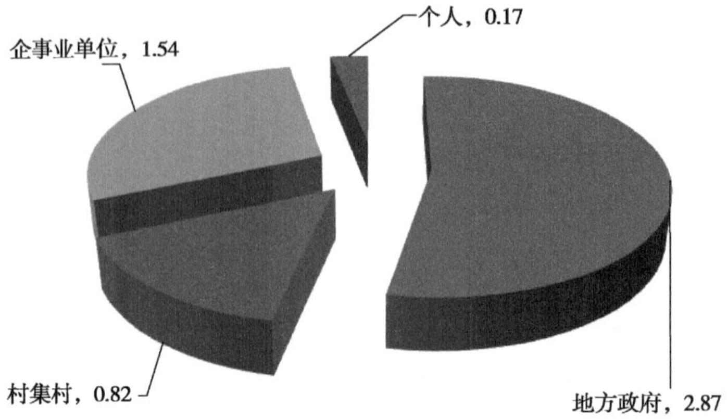

图 1-1　不同主体土地违法的案均土地面积（1999~2011）（公顷）

表 1-1　不同主体土地违法案件和涉案耕地、土地面积比重（1999~2011）（%）

年份	土地违法案件比重				涉案土地面积比重				涉案耕地面积比重			
	地方政府	村集体	企事业单位	个人	地方政府	村集体	企事业单位	个人	地方政府	村集体	企事业单位	个人
1999	4	5	9	82	15	15	51	19	20	22	40	18
2000	4	5	8	83	25	17	31	27	19	20	30	31
2001	3	6	10	81	21	18	36	25	25	20	31	24
2002	3	7	13	77	16	16	47	21	17	16	46	21
2003	4	7	18	71	18	12	50	20	18	12	52	18
2004	3	8	23	66	12	11	65	14	14	9	63	14
2005	2	6	23	69	10	10	60	20	9	8	63	20
2006	2	7	24	67	14	11	49	26	11	10	54	25
2007	3	7	27	63	16	10	51	23	15	12	52	21
2008	3	9	25	63	11	10	63	16	12	13	59	16
2009	3	8	25	64	14	10	59	17	15	10	57	18
2010	3	7	26	64	14	5	65	16	17	6	61	16
2011	3	7	32	58	12	4	71	13	16	6	63	15
平均	3	7	20	70	15	12	53	20	16	13	51	20

时任国务院总理温家宝曾就地方政府土地违法行为做出严肃批示："在国家三令五申把紧土地闸门、加强土地调控的高压态势下，一些地方政府有令不行、有禁不止，甚至变本加厉、唯利是图，由此可见一斑。"[1]

[1] 国土部透露：温总理缘何亲自查郑州非法用地案［EB/OL］. http：//www.sd.xinhuanet.com/fc/2006-09/30/content-817443.htm，2006-09-30.

地方利益和地方官员个人利益驱动下的地方政府土地违法行为产生一系列严重的后果。其主要体现在以下几方面：

第一，地方政府的土地违法行为极大地影响政府的公信力和执行力，严重损害法律的尊严。地方政府作为地方事务的管理者，是地方政策的制定者和国家法律的执行者，应维护法律的尊严，保证政策的执行。而有些地方政府不仅没有严格执法，甚至成为土地违法案件的主体，严重损害国家法律的严肃性和权威性，对依法行政造成恶劣影响，形成法律虚置的局面。据 2010 年凤凰网的网络调查结果显示，68. 5%的调查者认为土地违法主要是由于政府监管的缺失。

第二，地方政府的土地违法行为造成耕地面积大量减少，给粮食安全造成巨大压力。我国人口和土地资源的客观现状造成我国人地矛盾十分尖锐，在现有农业生产条件下，必须保证 18 亿亩的耕地“红线”，否则会引起粮食总产量不足，影响粮食安全，进而影响社会稳定和国民经济的发展。而地方政府为了地方利益，往往通过非法批地、占地、转让土地以及其他方式占用或毁坏大量耕地甚至基本农田，使耕地“红线”成为“弹簧线”。

第三，地方政府的土地违法行为扰乱正常的土地市场秩序。地方政府土地违法行为大量存在，影响国家土地宏观调控政策的实施效果。无论是地方政府“以租代征”形成的农村集体土地隐形市场，还是地方政府为了招商引资非法低价出让土地，都使建设用地供给总量失去控制，固定资产投资规模过快增长，扰乱正常的土地市场秩序，大大降低土地资源的市场配置效率并使国有资产大量流失，造成国家宏观调控政策失效。

第四，地方政府的土地违法行为使农民权益受到侵害，社会不稳定因素增多。地方政府土地违法行为造成大量土地特别是耕地被违法征收、占用甚至毁坏。地方政府滥用征地权，不尊重农民意愿，强行征收、占用农民集体所有的土地，或压低安置补偿标准，甚至层层克扣、拖欠、挪用、截留征地补偿费，均会直接损害农民的合法权益，激化政府与农民的矛盾，引发土地冲突。[1] 这种矛盾和冲突已成为影响社会稳定和发展的重要问题，严重威胁党的执政根基。

（2）地方政府土地违法亟待有效治理

新《土地管理法》实施以来，中央已日益重视遏制地方政府的土地违法行为，不断出台相关规范性文件和治理措施。2000年开始展开土地执法检查，并于2000年3月2日由监察部和国土资源部联合发布《关于违反土地管理规定行为行政处分暂行办法》（监察部、国土资源部令第9号）；2004年10月，国务院下发《关于深化改革严格土地管理的决定》（国发〔2004〕28号），其中明确指出，保护和合理利用土地的责任在各级政府，省、自治区、直辖市政府对本行政区域耕地保有量和基本农田保护面积、土地利用总体规划和年度计划执行情况负总责，政府主要领导是第一责任人；2005年8月31日国土资源部出台《查处土地违法行为立案标准》（国土资发〔2005〕176号），2005年10月26日发布《关于进一步加强国土资源执法监察工作的通知》（国土资发〔2005〕220号），2006年6月14日发布《关于严明法纪坚决制止土地违法的紧急通知》（国土资电发〔2006〕22号）；2006年7月，国务院办公厅印发《关于建立国家土地督察制度有关问题的通知》（国办发〔2006〕50号），正式启动并全面实施国家土地督察制度，由国务院授权国土资源部代表国务院对各省、自治区、直辖市以及计划单列市人民政府土地利用和管理情况进行监督检查；2008年5月29日，监察部、国土资源部、人力资源和社会保障部联合发布《违反土地管理规定行为处分办法》（监察部、人力社保部、国土资源部令第15号），首次确立对地方政府主要领导人的问责制，对各类违反土地管理规定的主体、行为及相应的处分办法做出具体规定。

这些治理措施对于遏制地方政府土地违法行为具有重要意义，执

[1] 例如，湖南省资兴市重点招商引资的程江口水电站项目库区用地未经国务院批准占用基本农田，电站淹没区共淹没土地120多公顷。农民多次上访，信访人受到行政拘留处罚。几百名村民到资兴市政府要求解决问题和释放维权代表，当地政府调集大量公安人员进行维持，引起强烈冲突。

法监管形势总体向好，但地方政府土地违法的形势依然严峻，反弹压力较大。

1.1.2 研究意义

本书的理论意义在于：①探寻影响地方政府土地违法行为的因素，建立包含治理主体、治理对象和治理手段三个层面的综合分析框架，丰富治理理论的研究范式；②找出地方政府土地违法治理主体的结构缺陷，分析主要治理主体在地方政府土地违法治理过程中的博弈关系；③以现有治理对象的组成及特征为基础，采用实地调研数据构建结构方程模型，找出现有治理对象的行为动机；④从系统论出发，建构地方政府土地违法治理的 SD 模型，探求不同治理手段对地方政府土地违法行为的影响路径和影响效果。

本书的实践意义在于：①发现地方政府土地违法行为治理的特征规律，总结地方政府土地违法治理的经验教训，为地方政府土地违法的治理实践提供客体支持，也为治理政策的制定提供科学依据；②为优化地方政府土地违法的治理过程，提高治理绩效提供指导。本书将基于实证，分析影响地方政府土地违法治理效率和效果的因素，从主体多元化、过程规范化、程序标准化、手段多样化等方面为政府有关部门修改治理政策和提高治理效果提供科学依据。

1.2 国内外研究现状与进展

1.2.1 国外相关研究综述

（1）政府土地管理行为研究

土地管理中的政府行为主要体现在对土地规划政策的制定和执行、土地出让规模的控制、土地利用、分享土地出让收益等方面。

关于政府对土地规划政策的制定与执行，克雷辛（Crecine）等

(1967)、彼德森（Peterson）（1974）、斯塔尔（Stull）（1975）、丹尼尔（Daniel）和约翰（John）（1991）、哈菲兹（Hafiz）（1992）分别对规划存在的理由，规划的内生性与外生性等进行探讨。戴维斯（Davis）（1963）、罗尔斯顿（Rolleston）（1987）、华莱士（Wallace）（1988）分别对政府规划政策的决定因素、决策过程等问题进行深入细致的研究。

拉辛（Razin）（1998）认为，由于分税制和分权制的存在，以色列采用土地规划法令抑制城市扩张收效甚微，应通过改变地方政府的财政税收体制提高地方政府对于保护公共空间的兴趣。埃文斯（Evans）（1999）分析了政府土地市场干预的两种方式：一种是控制开发型，如分区制和增长管理；另一种是增加土地供给，如强制性征地或对土地权属进行再分配。王（Wang）（2002）归纳并分析当今发达市场经济国家干预土地市场的主要方法及理念，如土地规划、土地的可持续利用、城市更新、新城市主义、精明增长等。

瓦尔克（Valk）（2002）认为，荷兰的空间规划制度（Spatial Planning System）作为实体规划法案的重要组成，是农地非农化制度的基础，空间规划分为国土规划、省级规划和市级土地利用规划三个层级。在制度上，市级规划服从省级规划，省级规划服从国土规划，市级规划的制定需要省级和中央政府审批。在实际操作中，市级政府拥有耕地非农化的决定权，市级规划一旦批准，任何级别的政府都不能随意改动。布伦斯（Bruns）和施密特（Schmidt）（1997）、梅其尔（Magel）（1983）指出德国制定土地利用规划的目的是实现人类社会和自然环境的协调、实现城乡统筹发展、提高逐步分权的管理机制的效率。柴郡（Cheshire）和谢伯德（Sheppard）（2002）对英国土地利用规划的收益和成本进行实证研究，重点探究土地利用规划的总收益和净收益在收入群体中的分配，结果表明土地利用规划在福利及福利分配上的影响比较大。

本斯顿（Bengston）和弗莱彻（Fletcher）（2004）研究了美国城市经济增长管理的政策工具，重点分析公共征地政策、管制性政策和激励性政策，并对经验教训进行总结：一是政策实证调查的缺乏；二是政策执行的低效率；三是纵向和横向的协调不足；四是利益相关者参与规划的不充分。弗利斯特（Vlist）（2006）、芬克（Vink）和布尔格（Burg）（2006）、尼达姆（Needham）（2007）强调荷兰土地利用中公众参与的重要性。他们认为所有级别的土地规划都需要公众参与，所有级别的政府和所有利益相关者都需参与到土地规划的制定中，所有的规划信息在设计、批准和实行阶段都对任何利益相关者公开，这种规定使“从下往上”式的规划执行过程中基本上没有违反规划的行为。

关于政府对土地利用的干预，费尔曼（Fellman）（1955）从城市用地规模外延扩展机制角度研究政府行为对城市土地规模控制的作用。布莱恩特（Bryant）等（1982）从政府对城市用地规模控制的一般原则、途径等方面进行理论上的探讨。辛盖吉（Gengaje）（1992）分别以印度马哈拉施特拉邦城郊和美国夏威夷城郊为例进行实证分析，提出发展中国家和发达国家政府在农地非农化过程中控制城市用地规模外延扩张的对策建议。

瑞佩蒂（RePetti）和迪斯赛斯（Desthieux）（2006）从城市的可持续发展出发，构建了城市土地利用规划和管理的关系指数设置模型（Relational Indicatorset Model，RIM），并介绍了该模型的方法及应用，突出土地审计和监督在土地利用和管理中的重要性。劳埃德（Lloyd）和皮尔（Peel）（2007）认为，土地政策的设计应考虑可行的实践机制，具有一致性、敏感性、灵活性、创新性以及决策过程透明性等特征，能够提高政府土地管理的绩效。库克林（Cocklin）等（2007）研究了公共政策与私人土地所有者之间的关系，认为政策工具的设计应基于土地所有者对政策工具的观点和意愿，据此将土地工具排序为：自愿支持型工具—基于市场的工具—命令、控制工具。

费奥科（Feiock）等（2008）通过概率模型的最大似然法得出，城市经济增长管理方案的采纳及土地利用政策工具的选择是多方利益均衡的结果，其中包含地方政治体制、社区偏好及地方组织的利益，故而强调公共政策调控目标的多维。马切多（Macedo）（2008）从合法性的角度研究巴西的城市土地政策和土地产权范式，指出土地管理应关注弱势群体利益保护。卡拉（Kala）（2010）揭示了印度政府对土地市场实施的强有力的管制措施，指出印度政府强力的土地干预政策对城市架构的塑造、房屋面积和经济适用房的购买产生负面影响，但是对于印度城市郊区人口的就业并未产生显著影响。兰德里（Landry）（2010）研究认为，公共部门通过土地利用干预政策的实施可以有效地影响城市的发展规模和速度，其中城市土地利用管制对于城市绿地覆盖率有着重要的影响，他构建了一套分析模型，尝试通过土地利用干预制度构建来引导城市绿化建设，以达到促进社会公共利益和城市的可持续发展的目的。

在政府分享土地收益方面，亚伦（Aaron）（1975）、斯古洛斯（Skouras）（1978）、由纪夫（Yukio）（1982）、雅霍夫（Jarchow）（1984）、野口悠纪雄（1997）等研究了税收与政府城市土地利用效率的关系。德维（Devy）（1999）、德兰斯费尔德（Dransfeld）（2001）认为，德国农地的所有者可以获得增值收益的绝大部分，地方政府主要通过两种方式分享增值收益：一种是直接和土地所有者签署协议让他们对后期土地开发支付一定的投入，另一种是通过改变土地用途或对土地增值收益征税的方式分享收益。

（2）政府土地管理行为的影响研究

阿拉比（Araby）（2003）以埃及为例，研究了国家在管理土地供给及土地价格中的作用。他重点探索国家通过城市土地政策（主要是土地产权、土地供给、土地价格政策）干预土地市场的影响，结果发现市场力量、国家政策决定土地和住房的均衡价格以及土地利用的模式。布伊坦（Buitelaar）（2010）以荷兰、英国、德克萨斯为例，分析不同政府管理体制下的土地开发过程中的交易成本，阐释交易成本在不同开发阶段的特征及影响。

安（An）（2005）从宏观经济学的角度分析了韩国政府介入住房市场的影响，其中主要探讨首尔的新城再开发对住房价格的影响，发现政府介入引起住房价格上涨和城市土地供给的不足。格莱泽（Glaeser）和乔克（Gyourko）（2005）认为，政府过分介入土地市场，造成美国有些地区房价偏高。道尔（Dowall）和孟克农（Monkkonen）（2007）指出，在政府与私人部门的责任要注意寻找一个合适的平衡，否则过多的管制会压制私人部门的主动性，并限制城市土地市场的有效运行。而如土地登记、土地信息系统等管制的不足，对土地市场的运行也是不利的。他还强调政府干预资源配置的效率问题，认为决定政府干预资源配置效率的关键是对政府管制行为进行成本—效益分析。

一些学者对政府土地管理行为的影响进行模拟研究。安德鲁（Andrew）（1995）采用元胞自动机（Cellular Automata）模拟市场的稳定性，并对居民区位选择行为进行预测，在此基础上，揭示了土地利用规划、地区更新计划、财政激励等政策对英国市场分割的影响。安布罗斯（Ambrose）（2005）采用期权定价模型（Real Option Model）研究政府强制开发城市空置土地与土地价格变化之间的关系。他认为，空置土地的强制开发实际上延迟市场驱动的土地开发，故在一定程度上说明政府的干预加剧土地市场的负外部性，但指出期权定价模型存在不足，即没有考虑到强制开发的社会福利意义。阿尔贝里尼（Alberini）和隆哥（Longo）（2005）运用条件 Logit 模型研究了房地产开发商对土地市场导向型激励政策的反应，结果表明该政策能影响土地的利用，并带来较多的正面效应。安德森（Anderson）（2005）采用 Tumbull's 模型分析了两种土地利用管制工具——财产税和开发影响费的动态效应，结果显示，这两种管制工具在不同程度上内化社会成本，例如克服土地空缺和交通拥堵的外部性，继而提出以双率税代替财产税，并以立法方式促使开发影响费合理化。布吕克纳（Brueckner）（2007）针对政府不同的土地利用介入类型——城市增长边界、开发密度管制、增加开发成本的管制、开发决策的行政控制进行经济学分析，并对介入的影响进行实证和模拟检验，研究显示政府土地利用的介入造成一定的社会损失，并使企业和消费者利益受损。

（3）中国政府的土地管理行为

张（Zhang）（2000）以中国和美国为例进行比较，认为不同国家城市扩张的驱动力不同。利益集团是推动城市扩张的关键所在。在地方分权的背景下，为了获取更多的土地收益和私利，地方政府为了获取更多的土地收益，不断推动城市扩张，同时会在土地征收中产生以权谋私的现象。丁（Ding）（2001）评价了中国耕地保护政策的效果，认为中国土地改革的首要挑战是缓解耕地保护与用地需求之间的严重矛盾。斯金纳（Skinner）等（2001）以浙江湖州为例，实证考察经济快速发展对中国农地保护的影响，认为在行政分权的背景下，地方政府为了获得更多土地，促使经济快速增长，不重视农地保护，造成大量耕地损失和退化。林（Lin）和霍（Ho）（2005）认为，提高土地市场化程度可以提高土地利用效率，从而减少土地违法行为。西门罗提（Simonotti）（2008）认为，中国土地出让收入除直接表现为经济方面的收益，还与地方政府的政绩相关，两方面是相辅相成的，经济增长就是政绩体现。

综上来看，外国在城市土地产权制度方面与我国的城市土地产权制度有着本质的区别，实行不同的城市土地所有制。发达国家大都实行土地私有制，土地出让主体多元，政府仅扮演管理者的角色。通常认为，即使是发达的市场经济国家或地区，政府也有必要干预资源的配置，政府的土地管理行为并不一定能带来资源配置效率的提高，但适度的干预能提高资源配置的效率。

（4）土地管理中政府违法行为研究

汤米（Tommy）（1997）发现，迫于开发商的强大压力，印度尼西亚政府在控制和监督土地非农化方面能力不足，容易违反土地利用规划。扎拉斯维斯基（Zaslavsky）和奈马克（Naimark）（2004）发现，苏俄新兴的不动产和土地市场诱发土地所有者与相关主管机关之间的利益竞争，平衡各利益相关方的利益并确立合理的制度成为迫切需求，而这一切建立在规范的土地利用规划基础之上。该制度的核心在于正在制定中的国家城市规划地籍，依此制度，所有的土地和房地产权利人会拥有地籍证照。比起传统的土地记录，新的地籍证照明确所有权人有关分区、环境规则、基础设施和公共服务设施的利用、供水、道路、排污、电力线路等方面的权利和责任。该证照有望在土地领域反腐和区域规划项目中发挥重要作用。

查格若（Zegarac）（1999）考察了南斯拉夫违法建设的情况，认为区域经济增长和发展的不平衡、立法和城市管理的失效以及社会环境等是造成违法建设的主要原因。瓦西莱夫斯基（Wasilewski）和可菇可夫斯基（Krukowski）（2004）研究发现，波兰华沙地方政府往往将土地非农化作为促进经济发展和增加财政收入的有效途径，由此引发地方政府的违法行为。

米腊科（Minako）（2002）认为印度尼西亚法律系统的腐败、裙带关系阻碍土地管理体系的运行。当达林（Daudelin）（2003）则认为腐败导致政权统治力的迅速衰减，加剧土地冲突的发生。哈泽利克（Hazarika）（2004）、辛格（Singh）（2006）指出，印度的土地征收在某种程度上可被称为官商勾结的“圈地运动”，由此引发农民暴力抗征事件频发。

谭（Tan）和曲（Qu）（2007）通过调查农地所有者的补偿价格、土地出让价格和二级市场的平均价格指出，中国政府在农地非农化过程中获取大部分的土地增值收益，导致地方政府盲目用地的行为。沃克（Walker）（2008）认为土地征收中地方政府官员的腐败和违法行为会导致群体性事件，成为农民日常政治抗争的形式。迪厄多内（Dieudonne）和罗伯特（Robert）（2010）认为喀麦隆非法利用林地的原因，主要包括政府腐败、经济水平和不完善的政策等。

（5）政府违法行为的治理研究

国外一些学者关注对政府官员腐败行为的治理。克里特加德通过总结各国经验提出著名的反腐公式：腐败＝垄断＋自由裁量权－问责，表明减少垄断和自由裁量权、加大问责力度是治理腐败的有效手段。另外，构建包括监督、举报和问责的廉洁体系，倡导廉政文化也是治理腐败的有效方式。爱丽娜（Alina）（2006）认为，提高惩治的严厉程度和发现渎职不法行为的概率能够增强反腐制度的执行效果。特雷西（Tracy）（2010）认为，腐败治理能否成功取决于五个方面的因素：一是让人民从国家发展中获利，将权力归属于民；二是采取具有侧重点的明确而力度适中的反腐措施；三是由中央政府来统领反腐活动；四是增强在审判、侦查、起诉等程序中所积累的反腐能力；五是根据不同国家的民族特性、政治、经济、历史和文化等因素制定有针对性的反腐措施。

一些学者采用定量方法对政府违法行为的治理进行分析。劳伦斯（Laurence）（2001）、卡恩（Khan）（2001）、阿西马蒂（Azyumardi）（2005）采用实证分析方法，分别针对非洲、拉丁美洲、亚洲、中东地区和印尼的腐败问题、反腐败制度执行效果及其影响因素进行不同视角的分析解读。斯特劳布（Straub）（2009）从市场结构转型中官僚机构对企业的影响的角度出发分析了反腐败政策的实施效果，揭示反腐败政策可能引发的一系列负面效应，指出提高反腐败的社会成本需要高福利来作支撑，而这又会引发新一轮的腐败。蔡（Cai）等（2009）选用中国15个代表性城市为例进行分析，发现土地出让市场化程度较低的挂牌出让比土地出让市场化程度较高的拍卖更容易滋生腐败。据此推断，提高土地出让的市场化程度能够减少腐败。

一些学者比较关注地方政府行为的监督约束机制。柯长姆（Kirkham）（2005）在总结英国地方政府的督察员制度时认为，在督察制度建立初期，由于督察员的严格和高质量的督察，督察被高度地赞扬。但是随着知道督察的人的增多，投诉量大大激增，督察调查的平均时间也越来越长。近年来，如果可能，督察员已经简化原来的督察程序。他还认为督察制度的一个缺陷就是没有执行权力，同时也没有形成有效的问责机制。亚伯拉罕（Abraham）（2008）认为英国的督察机构能够通过管理日常事务，通过民众了解官员的腐败等问题，可以实现国家民主的振兴。

1.2.2 国内相关研究综述

自20世纪90年代以来，国内学者对地方政府土地违法行为的相关研究逐渐增多，主要集中在地方政府土地违法的表征、形成原因及如何遏制地方政府土地违法行为三个方面。

（1）地方政府土地违法的表征研究

姜爱林（1997）认为，政府土地违法行为是指政府这个特殊主体违反土地管理法规的要求而实施的依法应当承担法律责任的行为。杨涛（2006）认为，土地违法的本质是地方政府违法。梁若冰（2009）认为地方政府的土地违法行为是独立于合法出让之外的用地行为，如果地方政府的用地行为没有经过上级政府的审批，则判定该行为属于土地违法行为。

国内学者对于地方政府土地违法现状的分析，大都建立在国土资源部、纪检监察机关和检察机关所公布数据的基础之上。陈志刚等（2010）和陆汝成、黄贤金（2011）运用空间计量方法分析了中国违法占用土地和违法占用耕地现象的空间特征，认为中国违法占用土地和耕地现象在空间上趋于集聚，且蔓延趋势明显。李全庆等（2009）采用典型多元相关分析与 Pearson 相关分析发现，土地违法结构变化与经济结构变化存在相关性。王伟林（2010）采用 CD 生产函数实证发现，中国土地违法投入短期内对经济增长有利，但长期而言，会影响土地集约利用和合理投入，进而制约经济增长。

一些学者总结了地方政府土地违法行为的特点。姜爱林（1997）、周建国（2003）和刘滨（2005）认为地方政府土地违法行为具有行政性、强制性、随意性、公开性、隐蔽性和故意性，且惯用“集体决策”作挡箭牌。陈鹏（2008）、张宏强（2011）认为地方政府土地违法行为的特点有四个方面：一是具有盲从性；二是直接侵害被征地农民的合法权益；三是具有权威性；四是查处执行难。周小丹（2009）对江苏省 6 个县级市的研究表明，地方政府土地违法的特点表现在三个方面：一是企业和单位的土地违法背后由政府主导；二是地方政府土地违法的主体下移；三是地方政府违法行为越来越隐蔽。

一些学者分析了地方政府土地违法行为的效应。张乃贵（2004）和王雪峰、葛燕平（2008）认为，土地违法具有严重的危害性，不仅破坏了法律尊严，危害了生态环境和粮食安全，还可能使失地农民失去生活保障，造成社会的不稳定。刘法威（2010）认为，土地违法在一定程度上推动了经济增长，但需将违法用地控制在合理的范围内。

（2）地方政府土地违法的原因研究

姜爱林（1997）认为，政府土地违法行为实质上是一种典型的地方保护主义，其根源主要为体制弊端、机制弊端和法制残缺。胡传景、欧名豪等（2007）认为，法律法规的不完善、财税管理体制和政绩考核体系的不合理、国土部门对违法用地的处罚不力和权力掣肘以及行政权力干涉司法审判等造成地方政府土地违法频发。陶进华（2010）认为地方政府土地违法的原因主要包括以下方面：一是非科学发展的政绩观及其考核指标体系；二是不合理的财税管理体制与利益驱动；三是土地立法存在漏洞与相关制度的不完善；四是政府之强势与农民之弱势的历史遗存。

吴军辉、邱庄胜等（2005）认为，由于一些地方政府对所谓“因公违法”问题处理认识上的偏差，导致在违法责任人的处理上批评、检讨、补齐手续了事，避重就轻的现象时有发生，对土地违法审批责任人的处理太软。刘明国（2004）认为，一些地方对处理土地违法责任人态度不坚决，认为土地违法责任人主观意图是为发展本地经济，不同于贪污受贿，是“因公违法”，从而纵容地方政府的土地违法行为。

叶汝明（2003）和陈昌智（2007）认为，在土地供需矛盾突出和经济发展的双重压力下，地方政府为了提高政绩会产生土地违法行为，或默许、支持和纵容企业违法用地。梁若冰（2009）采用回归分析方法研究发现，产权制度的不完善使地方政府有机会产生土地违法，增加财政收入和政治晋升是地方政府产生土地违法的主要动力。刘法威（2010）通过 Granger 因果检验方法研究表明，在经济增长的不同阶段，经济增长与违法用地的因果关系会产生变化。周飞舟（2010）以某西部城市的某区为例分析其税收和财政情况，龙开胜、陈利根（2011）采用 1999~2008 年省际面板数据为样本进行回归分析，均证实土地财政是导致地方政府土地违法的重要原因。

周滔、杨庆媛等（2006）建立土地出让市场监管博弈模型，通过博弈分析发现，地方政府违规出让土地的动因是其违法行为所产生的远超出正常行为的得益以及违法行为被查处后所受的损失与其违规收益的机会成本考量，深层次的原因则是制度结构残缺。周雪光（2008）和张莉、徐现祥等（2011）认为地方政府土地违法的原因有两个：一是在土地违法难以被发现和发现后惩罚不严的双重考虑下发展辖区经济、获取个人晋升利益的政治激励；二是地方官员为了牟取个人经济利益而产生的腐败行为。

曲福田和谭荣（2010）通过构建土地非农化中地方政府和中央政府的博弈模型，指出地方政府土地违法的根源在于现行的土地非农化政策没有满足激励相容约束条件。现有制度的缺陷主要体现在两个方面：一是对地方政府约束机制的非刚性给地方政府违法行为提供机会；二是对地方政府土地非农化行为的激励机制扭曲。李相范（2010）从经济学的角度分析了地方政府土地违法行为的实质，认为宏观制度和微观制度存在缺陷是产生地方政府土地违法行为的重要原因。

对激励制度的研究。李明月、胡竹枝（2005）和贾康（2006）等认为分税制下中央与地方政府财权与事权的不合理划分促使地方政府对“土地财政”高度依赖，现行财政体制是地方政府违法批租土地的诱因。郭庆旺和贾俊雪（2006）、高鹤（2006）、周飞舟（2006）认为分税制改革使土地收益成为地方政府增加财力的重要途径，在此情况下，地方政府开始想方设法地从预算外增加地方财政收入，可能产生土地违法行为。周黎安（2005、2008）、傅勇（2008）认为中国当前的政治体制和财政体制将地方官员的晋升往往与地方经济发展紧密联系在一起，使地方官员希望在任期内增加GDP以获得政治升迁和财税收入。匡家在（2009）和陈哲、欧名豪（2010）认为，财政分权改革使地方政府的财政不仅取决于中央和地方的收入分成，还取决于与本地经济发展相联系的财政规模，土地财政依赖使地方政府有不按中央政府的制度规范行事的激励。

对约束制度的研究。孙宪忠（1997），梁慧星（2004），钱忠好

（2004），陈小君（2005）和谭荣、曲福田（2006）等一致认为土地产权制度不健全是诱发地方政府行为失范的关键原因，土地所有权主体的虚置导致土地产权归属不明晰，政府主管机关在管理土地过程中自由裁量权没有受到有效遏制，使地方政府的土地违法和腐败成为可能。盖凯程、李俊丽（2009）认为地方政府在土地市场上具有特殊的地位和身份，是土地产权的实际剩余控制者和特殊的垄断及价格规制者，使其能够产生土地违法行为。

一些学者认为土地管理制度的缺陷是地方政府土地违法行为产生的原因。甘藏春、崔岩等（1998）和陈鹏（2008）认为，土地管理体制上的缺陷使土地管理部门对于地方政府的土地违法行为缺乏应有的制约和监督，一些地方的国土资源管理部门被动执行或者积极策划参与土地违法活动。竹立家（2006）指出国有土地使用权出让过程的透明度不高，使得公权力受到监督的力度薄弱，容易引发权力行使的肆意。操小娟（2009）认为我国土地管理法律法规中有关地方政府的义务规定欠缺，权力监督不足，责任体系不完善等是地方政府土地违法行为产生的原因。余纪云（2005）、张秀智、丁锐（2008）和王雪峰、葛燕平（2008）认为，用地审批制度存在缺陷，效率较低，行政权力配置不够合理，为了加快项目进度，地方政府极易产生未批先用的情况。金丹、於嘉（2007）和陶坤玉、张敏等（2010）均认为，土地出让的市场化程度越低，土地出让的透明度越低，地方政府权力和随意性越大，土地违法和腐败现象越容易发生，而市场化程度较高的招标和拍卖出让则可以减少土地违法行为。

周建国（2003）认为，关于土地出让和管理的法律规定不够完善，导致地方政府土地违法行为时有发生。符加林、王炳志（2006）基于声誉效应理论建立博弈模型分析得出，由于信息不对称，地方政府存在违反中央政府规定产生土地违法的机会主义倾向。中央政府声誉影响地方政府行为选择，中央政府声誉越高，越能抑制地方政府的土地违法行为。张宏强（2011）认为，由于法律存在缺失，地方政府土地违法成本较低，而收益很高，使得地方政府土地违法行为泛滥。

（3）地方政府土地违法行为的治理研究

关于地方政府土地违法行为的治理措施，学者们给出了一些具体的建议。陈红霞、赵振宇（2006），胡传景、张洪武（2007），刘爱民（2008），陶进华（2010）认为应从三个方面规范政府行为，减少地方政府的土地违法：一是必须做到执法必严、违法必究，严厉惩罚产生土地违法行为的地方官员；二是从行政、司法及立法层面进行制度改革，预防政府土地违法行为的发生；三是需要地方各级党政领导干部树立科学的发展观和正确的政绩观。陈智昌（2007）提出遏制地方政府土地违法的对策，主要为六方面：一是建立健全利益制约机制，深化土地审批和财税体制改革；二是加快推进征地制度改革进程，切实保障被征地农民长远生计；三是完善土地违法行为的追责和问责制度；四是健全法律机制；五是树立科学发展观，改革干部考核制度；六是加大宣传教育和执法力度。陈鹏（2008）认为，从五个方面可以抑制地方政府的土地违法：一是增强法律的威慑力；二是建立严格高效的土地监察委员会；三是改革土地征用制度；四是增加对地方政府领导的考评问责制；五是利用司法手段介入地方政府土地违法行为。

宋雅建（2003）认为，明确土地违法的法律后果，维护土地所有权人的合法权益，提高土地违法成本，加强土地执法督察，并将土地执法督察本身置于监督之下能够遏止土地违法行为。郑纪芳等（2008）认为，土地违法主体遭受查处、处罚和判罪的概率的增加以及处罚严厉程度的提高对于理性的土地违法主体具有威慑效应，进而抑制地方政府的土地违法行为。

李照作（2008）和陈燕、张飞（2009）认为，将人治变为法治，提高地方政府土地违法的预期成本，能够有效遏制地方政府的土地违法行为。土地违法问责的效果强于政策和法规。杨文君、郭春华（2011）认为，应建立严格的土地行政问责制度，防止地方政府过度依赖土地财政。在问责主体上，既要完善同体问责，也要借助政府以外的力量进行监督和制约；在问责对象上，要明确界定不同客体的责任；在问责内容上，不仅包括土地违法案件，还应包括对决策失误、执行不力的责任追究；按提起、确立、调查、处理和实施规范问责程序；完善配套制度和措施。

一些学者认为应制定差别化的治理政策。王定伟（2005）认为，通过加强对地方土地的执法检查，能够促使地方政府履行职责，遏制土地违法行为。李全庆等（2009）认为，在减少土地违法总量的同时，应针对不同时期的土地违法结构采取具有差别性的治理措施。陈志刚等（2010）认为，认识土地违法现象的空间特征及其演变趋势对于提高土地执法与督察的工作效率，节约公共管理资源具有重要的现实意义，因此，加强对欠发达地区的土地执法监察与督察工作十分必要。

一些学者认为土地管理新技术的引入有助于加强对地方政府土地违法的监督。孟彬（2010）认为，应用基于GIS平台的国家土地督察信息系统，利用GIS的分析功能全面有效地发现各类违法占地情况，为土地督察管理部门迅速处理违规事件提供帮助。陈学业、肖海波（2012）分析了3S技术、视频技术、物联网技术等在土地执法中的作用，并在此基础上建立土地执法监察技术体系，认为整合现有成熟技术、吸收新技术完善土地执法技术体系可以加强土地执法监管，减少土地违法行为。张治飞（2012）认为，融合CORS、GPS和GIS等技术建立的土地执法监管快速反应平台是一种全新的土地执法监管模式，可以快速制止土地违法行为并及时查处土地违法案件，进而抑制土地违法行为。

一些学者认为仅问责地方官员还不能真正抑制地方政府的土地违法行为，还需从制度层面加以完善，从源头遏制地方政府土地违法的动机（王杰，2010）。曾永昌（2002）认为，严格限定政府的权力范围、转变政府经济角色、充分发挥土地市场的主导作用能够减少土地违法的动机。李云（2005）认为，要根治土地违法违规问题必须深化土地管理体制与制度改革，消除政府的双重身份，使政府在土地问题上切实转变职能。倪星、李必军（2006）认为，要从源头上制止土地违法行为的发生就必须彻底切断地方政府在土地交易中的利益机制。

匡家在（2009）认为，治理地方政府的土地违法行为要从三方面着手：一是减少行政管理层级，推行中央、省、县（市）三级财政体制；二是改革土地出让金制度，缓解地方财政困难；三是改变唯GDP的政绩观，引入涉及民生和环保的指标。梁若冰（2009）、陶坤玉等（2010）和李相范（2010）认为，可以通过制度创新减少地方政府的土地违法行为：一是改变对地方政府的激励机制，改革中央政府的干部绩效考核体制；二是改变对地方政府的监督结构，建立由下而上的监督结构；三是提高土地出让的市场化程度，建立市场化的土地资源配置机制；四是进行征地制度改革，保障农民权益。

操小娟（2009）认为，通过更新治理理念，建立公共协商、权力合法、组织协作、回应等观念，并建立权力平衡机制、绩效评估机制、责任机制、权利保障机制等配套制度，可以改变制度的价值取向，弥补义务规定不足，实现权责的一致，转变传统的监督方式，从而遏制地方政府土地违法行为。

龙开胜、陈利根（2011）认为，实现经济的持续增长和经济发展方式的转变，避免地方政府过度依赖土地财政，强化既有土地政策的有效执行，是治理土地违法的有效途径。张莉、徐现祥等（2011）认为，本地晋升的官员在地区组织内部的联系更紧密，更容易通过合谋实现土地违法，同时避免中央政府的惩罚，加大官员交流力度是减少合谋可能性和土地违法的有益举措。

（4）土地犯罪研究

国内关于土地犯罪的研究始于20世纪80年代中期，主要集中于三个方面：一是四个罪名的概念与构成，主要探讨犯罪的主观方面、客观方面、主体特征与客体特征；二是为什么研究土地犯罪，主要探讨研究土地犯罪的必要性及意义等；三是土地犯罪的类型与缺陷。

姜爱林（1995）和于可、姜爱林（1996）分析了非法转让、倒卖土地使用权罪、非法占用农用地罪、非法批准征用、占用土地罪和非法低价出让国有土地使用权罪等土地犯罪行为的立法目的、犯罪构成要件、刑罚适用及立法的完善方法，并针对土地侵占罪进行详细的刑法学分析。

一些学者对1997年第八届全国人大第五次会议通过新修订的《中华人民共和国刑法》中增设的土地犯罪行为进行了研究（张成玉，1997；房言法，1997；杜军，1999；许婷，2009；田江，2009；崔磊，2011）。关建华（2002）采用数学模型量化分析土地犯罪的定罪量刑标准，得出土地犯罪行为侵犯的土地面积和法律对此相应的处罚形式。熊永明、舒洁玲（2000）和周厚兴（2006）认为，构建法律制裁体系时，应将民事、行政和刑法结合起来，增设破坏土地质量罪、浪费土地资源罪及土地诈骗罪等三种罪名，完善立法规定，明确规定土地犯罪的标准，才能对抑制土地犯罪行为起到良好效果。

1.2.3 国内外研究小结

国外学者从法学、管理学和经济学等学科视域对地方政府土地管理行为进行多角度的深入研究，成果颇丰，但针对地方政府土地违法行为的治理研究并不多见。在针对国外研究成果的借鉴中，主要关注地方政府行为、地方政府土地管理行为、地方政府违法行为及地方官员违法治理方面的研究，找出勾连的结点。考虑到我国当前的经济发展水平和社会发展阶段，以及特殊的制度环境、法制环境、文化观念，对发达国家的研究成果只能借鉴。国外相关研究呈现以下特点。

一是研究领域开阔，注重融合。以法学、政治学、经济学、社会学、心理学等学科为基础，从不同视域分析地方政府行为，并注重不同学科之间的交叉融合，对中国政府的土地管理行为也给予关注。

二是研究方法多样，偏重定量。国外对地方政府行为的研究较早，研究理论经过不断的改进和发展，相对比较成熟。自20世纪90年代开始，针对地方政府行为的实证研究开始兴起。定性研究被广泛应用于地方政府行为的理论和制度背景分析等，较为注重对具体案例的总结和升华；计量模型被大量用于分析土地管理中的政府行为、土地管理中政府违法行为的影响因素以及治理政策的效果等。

三是手段多样，合理配置。从当前国外政府违法行为研究和治理实践来看，土地管理中政府违法行为的影响因素及治理手段不乏从政治、法律、经济、文化等多角度展开的规范及实证分析，使得土地管理中政府违法行为的理论研究与现实更加贴近，所提出的治理对策的可实施性也更强。实践中不同手段具有各自的比较优势和劣势，手段间的合理配置有利于进一步改善治理绩效。

国内学者对地方政府土地违法行为治理的研究正在逐步从纯理论研究向理论与实证研究相结合的方向转变，但是从目前的实证研究来看，对地方政府土地违法行为治理的研究涉及面相对较窄，研究也有待深化，主要存在以下三方面的问题。

第一，目前地方政府土地违法行为理论还处于对地方政府土地违法危害的基本判断以及地方政府土地违法行为的原因认识这样一个初级阶段，不能深入、细致地揭示地方政府土地违法行为的发生机理和影响因素，给理论研究工作造成严重障碍。

第二，地方政府土地违法行为的治理理论滞后于地方政府土地违法行为本身的发展，目前对地方政府土地违法行为治理的现状和缺陷等缺乏明晰认识，对治理效果和效率等也缺乏系统的研究。现有治理政策大多只是泛泛之谈，没有经过系统构思和设计，难免出现可实施性不强的诟病，有效治理策略也有待进一步深化。地方政府土地违法的治理是一个相对较新的研究领域，对这方面的研究散见于某些专题性专著的章节和学术论文，目前还没有专著面世。对地方政府土地违法行为的治理进行系统科学客观研究显得颇为必要。

第三，关于地方政府土地违法行为的治理研究以定性分析为主，研究方法大多局限于归纳法和演绎法，缺乏深度和科学性。仅有少量研究采用计量模型进行实证分析，但受制于案例收集和数据获得的困难，对治理对象和治理主体的调研不足，鲜有微观定量分析，使这类研究显得严谨性不足。研究方法的单一必然会制约地方政府土地违法行为治理效果的提高。

1.3 研究思路、研究方法和技术路线

1.3.1 研究思路

本书以相关统计数据、国土管理部门通报的典型案例以及全国12个省市的样本调研数据为研究基石，借助多种定量研究方法和计算机模拟仿真技术，遵循提出问题、分析问题、解决问题的思路循序渐进地对地方政府土地违法行为的治理问题进行探讨，分为七部分。

1. 绪论。本章指出地方政府土地违法行为治理研究的必要性和紧迫性，阐释研究的理论意义和现实意义。在对国内外文献研究状况进行综述的基础上，指出本书的研究思路、拟采用的方法和贯穿整个研究过程的技术路线，作为研究指南。

2. 地方政府土地违法行为治理研究的基本理论。本章在界定相关概念的基础上选择治理理论、公共选择理论、委托代理理论和前景理论作为研究的基本理论予以阐释，以深化地方政府土地违法行为治理研究的理论支撑根基。

3. 地方政府土地违法行为的影响因素。本章通过统计分析观察地方政府土地违法行为治理现状。采用省级面板数据，建立时空动态面板模型，甄别地方政府土地违法行为的影响因素。

4. 地方政府土地违法行为的治理主体。本章通过案例归纳出地方政府土地违法行为治理主体的类别及特征，建立博弈模型厘清主要治理主体在地方政府土地违法治理过程中的博弈关系。分析治理主体的结构缺陷，并提出优化治理主体结构的对策建议。

5. 地方政府土地违法行为的治理对象。本章通过案例研究找出治理对象的组成及特征。通过实地调研和网上问卷调查获取地方政府土地违法行为的微观调查数据，结合选取的相关指标，构建结构方程模型，分析当前地方政府土地违法治理对象的行为动机。

6. 地方政府土地违法行为的治理手段。本章通过统计分析和实地

调研总结地方政府土地违法治理手段的类型和特征。采用系统动力学分析方法，在分析治理系统结构的基础上，建构地方政府土地违法治理的 SD 仿真模型，评价不同类型手段的治理效果。

7. 结论与展望。本章归纳和梳理研究所得出的主要结论，总结研究的创新点，反思研究的局限性和不足之处，以此为基础提出推进地方政府土地违法治理研究的设想和展望。

1.3.2 研究方法

（1）文献研究法。通过文献检索和阅读资料，调查、分析国内外有关地方政府土地违法治理相关领域的研究现状，借鉴和利用国内外地方政府违法行为治理研究的理论与方法，以及其他相关领域的研究成果和结论。

（2）案例分析与问卷调查相结合。收集国土管理部门通报的典型案例，深入实地调研访谈，把握各地方政府土地违法行为的治理实践，总结治理主体、治理对象、治理手段的类别特征，洞悉其治理经验及困境。运用实地调查与网络调查相结合的方法，向政府公职人员、社会精英群体、用地企业人员、农民等利益相关主体发放问卷，广泛调查各类主体的行为决策、风险识别、情势感知等，取得一手资料。

（3）定性与定量分析相结合。总结国内外有关地方政府土地违法行为的理论基础，从管理学、行为经济学、制度经济学和法学等角度分析地方政府土地违法行为的制度背景、深层次原因、治理存在的问题及解决思路。采用空间计量经济学模型分析地方政府土地违法行为的影响因素。采用案例研究法分析地方政府土地违法治理主体、治理对象和治理手段。采用博弈方法分析主要治理主体的博弈关系。采用结构方程模型从微观上分析地方政府土地违法的行为动机。采用系统动力学方法，构建地方政府土地违法治理的 SD 模型，对不同类型手段的治理效果进行仿真模拟。

1.3.3 技术路线

本研究的总体技术路线是：首先对与本研究内容相关的国内外研究成果进行梳理，评述现有文献中存在的不足，明确存在的研究机遇。

然后在文献综述的基础上，厘清相关概念，分析地方政府土地违法行为治理研究的基本理论。利用学校图书馆数据库和网络资源，收集和整理相关统计数据和我国地方政府土地违法行为的典型治理案例，并通过发放调查问卷获取调研数据。基于收集和整理的相关数据，分析地方政府土地违法行为的现状特征，采用空间计量模型甄别地方政府土地违法行为的影响因素；找出治理主体的类别特征，采用博弈模型分析治理主体间的博弈关系，在找出治理主体结构缺陷的基础上提出优化对策建议；找出治理对象的组成和特征，采用结构方程模型分析治理对象的行为动机；分析治理手段的类型和特征，采用 SD 模型对不同类型治理手段的效果进行仿真。最后得出全书的研究结论，并分析本研究的局限性和未来研究中需要改进与完善的地方。本书研究技术路线如图 1-2 所示。

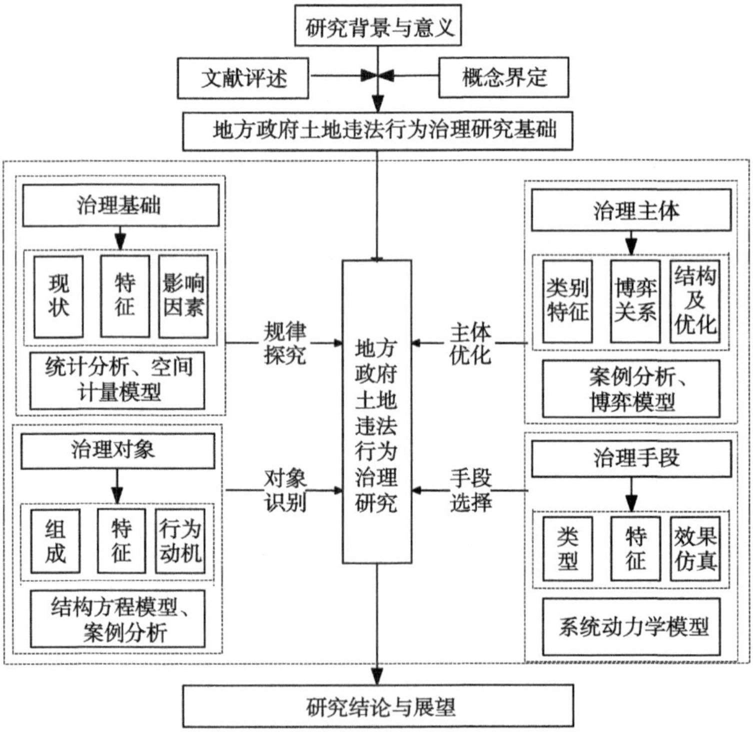

图 1-2　本书研究技术路线

2

DIFANG ZHENGFU TUDI WEIFA XINGWEI ZHILI YANJIU DE JIBEN LILUN

地方政府土地违法行为治理研究的基本理论

本章在界定地方政府土地违法行为治理研究核心概念的基础上，探讨治理理论、公共选择理论、委托代理理论和前景理论等相关理论对地方政府土地违法行为及治理研究的理论启示和借鉴意义，为构建地方政府土地违法行为的综合治理框架、探寻多元化治理主体、解释治理对象的行为动机、实现多样化治理手段等后续研究奠定理论基础。

2.1 核心概念界定

2.1.1 地方政府

地方政府有广义和狭义之分。广义的地方政府包括代议机关、行政机关和司法机关等地方国家机关，狭义的地方政府指的是地方国家行政机关。根据《辞海》的解释，在中国国情下，地方是中央的对称，中央政府指国务院，地方政府是指设置于地方各级行政区域内负责行政工作的国家机关。根据我国《宪法》第 95 条规定，只有地方国家行政机关——地方各级人民政府才是地方政府，地方各级人民代表大会、人民法院和人民检察院是地方国家机关，不属于地方政府。因此，本书研究的地方政府是中央政府设置于地方的机构，负责管理地方的行政事务，包括省（直辖市、自治区）级政府、市（地级市、计划单列市）级政府、县（县级市）级政府和乡镇政府四个层级。

2.1.2 土地违法行为

土地违法行为指政府、单位和个人等社会行为主体违反土地管理法律、法规的行为，不履行土地管理法规定的义务或滥用权力与职权，应当追究法律责任的行为。

依据国土资源部出台的《查处土地违法行为立案标准》（国土资发〔2005〕176 号），土地违法行为主要包括买卖和非法转让、破坏耕地、未经批准占地、非法批地和低价出让土地五项内容。根据行为性质不同，分为土地违法行为和土地犯罪行为。[1] 根据违法主体不同，分为行政机关土地违法行为、村集体土地违法行为、企事业单位土地违法行为和个人土地违法行为。

2.1.3 地方政府土地违法行为

地方政府土地违法行为，是指地方政府违反国家土地管理法律、法规行为的集合，即土地征收、审批、出让等过程中，地方政府不履行土地管理法规定的义务，滥用公共权力，应当追究法律责任的行为。具体包括四个方面：①地方政府土地违法行为的主体是省、市、县、乡各级地方政府；②地方政府实施土地违法行为的载体是地方政府工作人员；③地方政府土地违法行为侵害的是复杂客体，既包括我国土地管理制度和土地征收、审批、出让等公共权力，还包括地方政府工作人员职务行为的正当性和廉洁性；④地方政府土地违法行为具有主观上的故意性或过失性，客观上体现为滥用职权，徇私舞弊，违反国家土地管理法律、法规，损害公共利益或其他公民（农民）利益，具有一定的社会危害性。

2.1.4 地方政府土地违法行为的治理

地方政府土地违法行为的治理是指政府、社会和个人通过认识和实践活动采取一系列治理方法引导和规范地方政府在土地征收、审批、出让等土地管理活动中的行为，对地方政府土地违法行为进行监督和控制，并追究法律责任，从而最大限度增加社会公共利益。

地方政府土地违法行为的有效治理过程，实际上是在综合考虑多种影响因素的基础上，构建互动协作的多元化治理主体，形成保证各方关系完整性和可靠性的治理结构，采取多样化的治理手段，组成内部和外部相结合的治理模式，通过预防、监督、发现、制止、惩罚等治理机制，提高治理绩效的过程。

本书研究的地方政府土地违法行为治理主要包括两方面：一方面

---

[1] 根据姜爱林（1994）的研究，土地犯罪是土地违法发展到一定严重程度而构成的，土地犯罪必定是土地违法，而土地违法则多数不是土地犯罪。在土地违法行为中，只有依照刑事法律应当受到刑罚处罚的行为才构成土地犯罪，土地犯罪具有更大的社会危害性。

是在对地方政府土地违法行为现状特征及影响因素科学认识的基础上，构建包括治理主体、治理对象、治理手段三个方面的治理框架，实现对地方政府土地违法行为的有效治理；另一方面是对地方政府土地违法行为治理效果的评判。对治理效果的科学评判有利于提升治理水平，降低管理成本，从而实现公共利益的最大化。

2.2　治理主体的多样化需求

治理理论为分析治理主体多样化需求提供了理论依据。作为研究范式和研究手段的“治理”一词源自国外，其内涵随着后现代理论的提出而产生深刻变化。“治理”（governance）意味着“统治”（government）的含义发生变化，产生新的统治过程、统治条件和统治方法[罗德斯（Rhodes），1997]。治理是指一个既定的范围内运用公共权威维持秩序，满足公众的需要，其目的是在各种不同的制度关系中运用权力去引导、控制和规范公民的各种活动，以最大限度地增进公共利益（俞可平，2000）。因此，治理包括公共权威、规范基础、治理方式和治理机制，是一种公共管理过程。

治理理论认为，治理主体包括出自政府但不局限于政府的一系列社会公共机构和行为者。在政府不能独自解决社会问题时，公众应该积极参与治理过程，成为决策参与者、公共事务管理者和社会政策执行者。政府和非政府组织的共同治理、社会的自治也成为一种常态趋势。因此，地方政府土地违法行为的治理应形成多元化治理主体，克服单一政府管理的固有局限，提高非政府组织和公众参与治理的比重，增强非政府主体的治理权力，通过农民维权、群众举报、社会曝光等形式拓宽监督渠道，实现政府、市场、非政府组织和民众之间的沟通协作，才能有效提高治理效果。

区别于传统的统治，治理理论反对权力过于集中，不再强调政府的权威性和自上而下的单向管理，而是强调治理主体之间的沟通与联系和治理过程的互动性。政府、市场与社会之间通过谈判和交易形成合作、协商和伙伴关系，形成以共赢为目标，以政府为核心，以参与互动为特征的网络治理格局。因此，在地方政府土地违法行为的治理过程中，不同主体间应在平等信任的基础上相互协作，形成分散化的公共权力，由政府集中掌舵，公众划船，而不是统治与被统治的关系。中央政府、地方政府、非政府组织、农民等不同治理主体通过对话增进理解，提高治理过程的透明性和合法性，在实现公共利益最大化过程中实现各主体自身的目标。

2.3 治理对象的行为动机导向

治理对象的行为动机导向可运用公共选择理论和前景理论进行分析。

公共选择理论开创性地将“经济人”假设引入政治领域，采用经济学的理论和方法分析政治个体及其相关的政治行为，是一门介于经济学和政治学之间的新兴交叉学科，主要研究市场经济条件下政府干预行为的局限性以及政府失灵问题。

以布坎南（Buchanan）和塔洛克（Tullock）为代表提出的公共选择理论存在三个基本假设：经济人假设、个人主义的方法论和政治的可交易性。布坎南（1998）认为，在追求自身利益最大化的理性经济人假设下，政府机构整体的行为通过单个政府成员来实现，通过政治交易完成政治利益的交换，政治交易的过程构成政治交易市场。尼斯卡宁（Niskanen）（2004）通过经济数量模型对政府机构及其成员的行为动机进行分析，认为政府机构及其成员有其自身利益，以获取“预算最大化”为公共服务的目标，进一步验证经济人假设。

公共选择理论认为人类社会的所有活动均是基于经济人假设，追求自身利益最大化的过程，政府行为也不例外。因此，政府并非永远是公共利益的代表，受自身逐利倾向驱使，政府及政府官员的行为也遵循市场和利益最大化原则，以政治与经济双重效用最大化为目标。当政府偏好与公众偏好不一致时，政府倾向于按自身偏好行事，并凭借其垄断性权力控制公众偏好，将自身偏好转化为社会偏好。

公共选择理论是分析地方政府土地违法行为逻辑的理论基础和有力工具，主要体现在以下两个方面：

第一，为分析地方政府土地违法治理对象的行为动机提供理论支持和基本假设。地方政府官员是实施土地违法行为的载体，出于“经济人”考虑，会追求个人效用最大化，并借助政府的强制性权力实现自身利益，从而违背社会公共利益，产生土地违法行为。

第二，公共选择理论通常采用博弈论和决策论等经济分析方法，为地方政府土地违法治理过程的博弈分析提供方法论支持。地方政府作为独立的行为主体，在与中央政府的博弈中，以追求自身政治利益和经济利益最大化为目标。为追逐私利，甚至可能与特殊利益集团——用地企业相互勾结，合谋产生土地违法行为。

地方政府在进行土地违法行为决策时行为动机十分复杂，可能并不完全理性。以理性经济人假设为基础的公共选择理论可以描述地方政府土地违法的理性行为，而结合心理学及行为科学研究成果的前景理论分析地方政府的实际行为过程更有必要。

前景理论（Prospect Theory）由卡尼曼（Kahneman）和特沃斯基（Tversky）通过修正最大主观期望效用理论发展而来，将心理学的前沿研究成果引入经济学研究，是行为经济学的主要理论之一。前景理论基于“有限理性”的基本假设，认为由于存在各种主观偏差，人们在进行决策时不符合期望效用模型。前景理论侧重研究人在不确定情形下进行判断和决策的过程，拓宽经济学理论的视野，使经济理论对实际现象的预期更准确，使制定的政策更合理。

依据前景理论，地方政府土地违法行为的决策过程分为编辑（Editing）和评价（Evaluating）两个阶段。地方政府在编辑阶段主要凭借“框架”（Frame）和参照点（Reference Point）等收集和处理关于个体和环境的相关信息，形成自身的决策框架；评价阶段，地方政府则主要根据价值函数（Value Function）和主观概率的权重函数（Weighting Function）对备选的方案进行评估，并做出决策。

因此，地方政府在进行土地违法行为决策时，对收益和成本的敏感程度不同。他们会对潜在的违法机会、违法收益、违法成本、违法风险进行感知，当违法收益和风险并存时，地方政府是倾向于风险规避的，但在面临可能失去的利益时，地方政府又是风险偏爱的，且对损失比收益更加敏感，宁愿铤而走险产生土地违法行为，也不愿意失去土地违法可能带来的利益，而对土地违法行为的风险选择刻意地忽略。

前景理论为分析地方政府产生土地违法行为的行为动机和治理措施的有效制定提供理论依据。地方政府在进行土地违法决策时，并非具有完全理性，而只是具有有限理性。对于地方政府非理性的土地违法行为，加大惩罚力度的效果取决于违法所受处罚的相对风险规避程度。一个弹性的惩罚制度会使地方政府的违法价值预期增加，使其逃避严惩的侥幸心理强化，可能导致地方政府的土地违法行为蔓延。

2.4 治理手段的多样化选择

治理手段的多样化选择可运用治理理论和委托代理理论进行分析。

治理理论认为，在公共事务管理中办好事情的能力并不限于政府运用其权威自上而下发布命令、制定方针政策等行政强制性方法，还可以运用新的工具方法来控制引导。因此，为实现地方政府土地违法行为的有效治理，不仅应运用具有强制性的行政手段和法律手段，还应设置合理的管理机构、科学的管理程序和灵活的管理方法，综合运用多种治理手段对地方政府土地违法行为进行预防、监督和惩罚，增强治理效果。同时，为最大限度地降低管理成本，实现公共利益的最大化，体现治理的有效性，政府还应依据成本收益分析方法而确定治理手段，提高治理效率。

如何设计出有效的监督和约束机制是选择地方政府土地违法治理手段的关键，其中，中央政府的作用不可忽视。因此，可以根据委托代理理论分析中央政府与地方政府之间的关系。

委托代理理论是制度经济学契约理论的主要内容之一，已成为现代公司治理的逻辑起点，起源于美国经济学家伯利（Berle）和米恩斯（Means）对企业内部信息不对称和激励问题的研究，其中心任务是研究在利益相冲突和信息不对称的情况下委托人如何设计最优契约激励代理人［萨平顿（Sappington），1991］。

依据委托代理理论，委托人在非对称信息情况下很难直接观察代理人的行动，只能通过观察由代理人行动和其他外生的随机因素共同决定的相关变量来判断代理人的行为，且观察成本较高。委托人和代理人具有不同的效用函数，均追求自身利益的最大化。当代理人的行为不能被有效监督和约束时，可能存在"道德风险"，在预期收益高于成本的激励下做出违背委托人意愿、损害委托人利益的"逆向选择"行为。委托人需通过制定和实施有效的行为契约规制代理人的行为。委托代理关系在经济社会政治领域广泛存在。

委托代理理论认为，解决代理人"道德风险"和"逆向选择"的有效方法是采取最优合同激励。在代理人努力不可观测的情况下，委托人一方面要设计"参与约束"，通过有吸引力的合同提高代理人的参与意愿，让代埋人感到参与合同是有利可图的；另一方面要设计"激励相容约束"，通过改变激励机制使委托人期望的结果要符合代理人的利益，形成委托人和代理人利益契合的双赢局面。

从委托代理理论的角度分析，地方政府作为土地管理政策的具体实施者，与中央政府具有委托代理关系。土地违法行为就是在土地征收、审批、出让和管理等过程中，作为代理人的地方政府在自身效用最大化目标下与中央政府之间因信息不对称而产生的行为失范现象。

委托代理理论有利于矫正地方政府土地违法治理中委托人与代理人之间信息的不对称。在政府层级间的委托代理关系中，中央政府处于信息劣势，而地方政府拥有信息优势，从而削弱中央政府的控制能力，增加监督成本，给地方政府背离中央政府的规定和要求产生土地违法行为提供机会。同时，委托代理理论还为深化制度改革，建立合理的激励机制提供理论依据。

3

DIFANG ZHENGFU TUDI WEIFA XINGWEI DE YINGXIANG YINSU

地方政府土地违法行为的影响因素

实现地方政府土地违法行为的有效治理，对地方政府土地违法行为现状特征的整体把握和影响因素的有效判断是首要条件。本章首先通过收集国内地方政府土地违法行为的宏观经济数据，观察地方政府土地违法行为的数量规模、空间分布和结构类型；然后运用1999～2010年中国的省级面板数据构建时空动态面板模型，考察现行制度背景下地方政府土地违法行为的主要影响因素，为地方政府土地违法行为的治理研究奠定基础。

3.1　地方政府土地违法行为的现状特征

3.1.1　地方政府土地违法行为的数量规模

1999～2011年被查处的地方政府土地违法案件数呈减少趋势，1999年被查处的地方政府土地违法的案件数为6 495件，2011年减少至1 396件，年均降幅为7.18%，如图3-1所示。

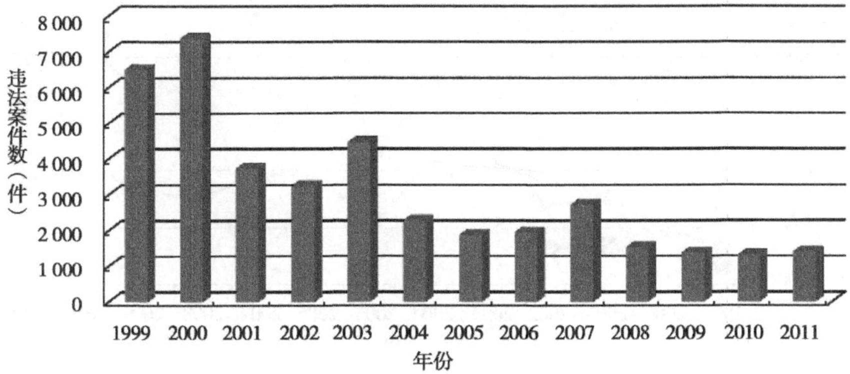

图3-1　地方政府土地违法查处案件数量（1999～2011）

1999～2011年被查处的地方政府土地违法案件涉及土地面积和耕地面积呈增长态势，1999年地方政府土地违法的涉案土地面积和涉案耕地面积分别为4 111.2公顷和2 085.2公顷，2011年增至5 548.5公顷和 2 442. 5 公顷，同比增加 34. 96% 和 17. 14%，如图 3-2 所示。

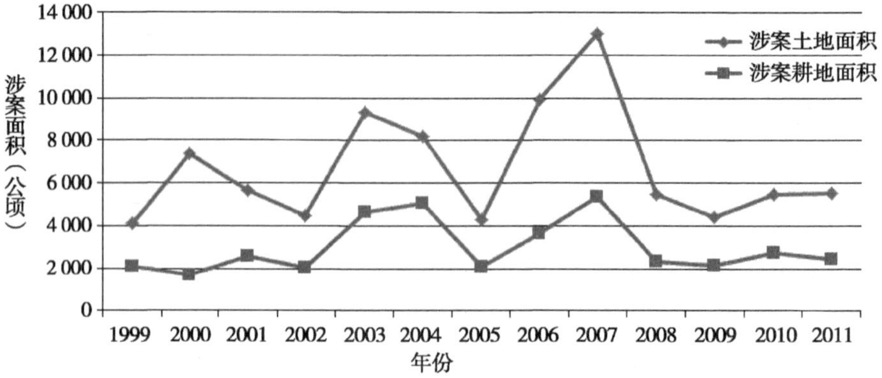

图 3-2　地方政府土地违法案件涉及土地面积和耕地面积（1999~2011）

地方政府土地违法的案均土地面积和案均耕地面积整体呈扩大趋势，1999 年地方政府土地违法的案均土地面积和案均耕地面积分别为 0. 63 公顷和 0. 32 公顷，2011 年增至 3. 97 公顷和 1. 75 公顷，增幅均高达 5 倍以上，如图 3-3 所示。

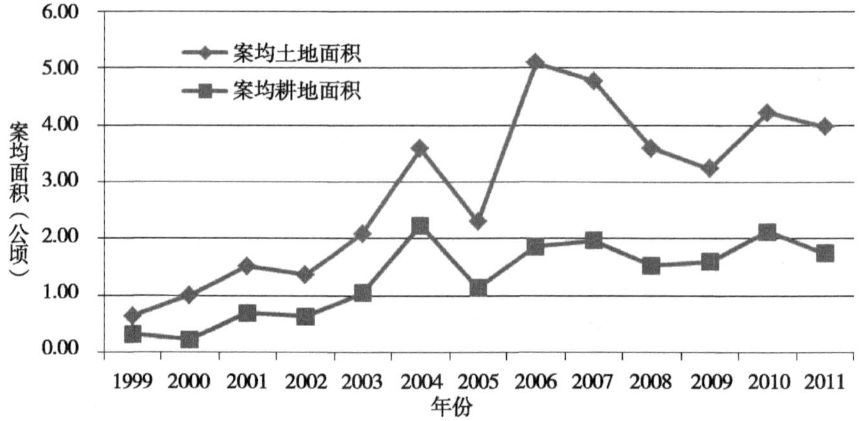

图 3-3　地方政府土地违法的案均土地面积和案均耕地面积（1999~2011）

总体来看，随着土地违法治理力度的不断加大，地方政府土地违法行为的治理已取得显著成效，但形势依然严峻，反弹压力较大，仍需有效治理。

地方政府土地违法案件查处的变化过程大致可划分为四个阶段：1999~2003 年的波动增长阶段、2004~2005 年的持续下降阶段、2006~2007 年的大幅上升阶段和 2008~2011 年的波动下降阶段。这种阶段性特征与地方政府土地违法的治理力度显著相关。

1999~2003 年，中央制定违反土地管理规定行为行政处分的暂行办法，并开始利用卫星遥感进行土地执法检查。然而，由于治理政策不够严厉且政策实施具有一定的滞后性，1999~2003 年被查处的地方政府土地违法案件数虽波动下降，但涉案土地和耕地面积仍呈波动增长趋势，涉案土地面积的年均增幅为 36.00%。

2004~2005 年，中央出台一系列政策，确定查处土地违法行为的具体立案标准，明确指出保护和合理利用土地的责任在各级政府，并针对日益严重的土地违法问题进行专项整治。因此，2004~2005 年被查处的地方政府土地违法案件数大幅下降，涉案土地面积和耕地面积也持续下降，涉案土地面积由 9 296.71 公顷降至 4 293.13 公顷，年均降幅为 29.77%。

2006 年国家建立土地督察制度，加强土地宏观调控，发布严明法纪坚决制止土地违法的通知，并展开全国土地执法百日活动，对地方政府的土地违法行为进行严厉查处。治理力度的加大使更多隐漏案件浮出水面，使 2006~2007 年被查处的地方政府土地违法涉案的土地面积和耕地面积大幅上升，涉案土地面积年均涨幅为 80.87%，2007 年增至 12 984.1 公顷，被查处的地方政府土地违法案件数也有所反弹。

2008~2011 年，三部委联合发布《违反土地管理规定行为处分办法》，首次确立对地方政府主要领导人的问责制，不断加大土地督察和土地卫片执法力度，对地方政府造成很大的震慑力，因此，2008 年被查处的地方政府土地违法的涉案土地面积大幅降至 5 459.29 公顷后，2009~2011 年呈稳定变化态势，被查处的地方政府土地违法案件数也一直处于低值。

3.1.2 地方政府土地违法行为的空间分布

由于个人土地违法案件数量多但涉案面积较小，而地方政府主导或由地方政府纵容的企事业单位的土地违法涉案面积很大，土地违法涉案面积能够更好地反映地方政府的土地违法程度（梁若冰，2009）。因此，选取1999~2011年中国内地30个省、自治区、直辖市（不含港、澳、台地区，西藏自治区数据缺乏，也不包含在内）年均土地违法案件的涉案土地面积表示各省区地方政府土地违法的程度，❶ 如表3-1所示。利用GEODA软件根据表3-1绘制1999~2011年地方政府土地违法行为的空间分布图（见图3-4）。

表3-1　各省区年均土地违法案件的涉案土地面积（1999~2011）

序号	地区	违法涉案土地面积（公顷）	序号	地区	违法涉案土地面积（公顷）	序号	地区	违法涉案土地面积（公顷）
1	山东	3 104.47	11	湖南	1 039.92	21	福建	548.72
2	新疆	2 710.69	12	湖北	1 039.71	22	云南	504.89
3	江苏	2 432.08	13	浙江	1 017.74	23	北京	488.19
4	广东	2 387.39	14	四川	1 010.52	24	宁夏	443.78
5	河南	2 365.81	15	黑龙江	983.37	25	广西	442.44
6	内蒙古	1 841.16	16	陕西	983.14	26	重庆	345.48
7	河北	1 792.93	17	海南	737.94	27	天津	267.50
8	山西	1 384.13	18	贵州	731.59	28	甘肃	260.68
9	安徽	1 365.38	19	江西	620.95	29	青海	219.42
10	辽宁	1 302.83	20	吉林	552.59	30	上海	160.68

地方政府土地违法行为的空间分布总体较为分散。根据地方政府土地违法严重程度的差异，可将有数据可循的30个省份分为4类地区。第一类地区包括河北、山东、江苏、广东、山西、河南、内蒙古、新疆8个省份，属于地方政府土地违法的高发区域，东、中、西部均有分布，❷ 该地区违法涉及土地面积均值为2 252.33公顷，远高于全

❶ 由于分省地方政府土地违法数据的不可获取性，仅能采用土地违法的涉案土地面积表征各省地方政府土地违法的程度。

❷ 东部地区包括北京、天津、河北、辽宁、上海、江苏、浙江、福建、山东、广东和海南等11个省份；中部地区包括山西、吉林、黑龙江、安徽、江西、河南、湖北、湖南8省份；西部地区包括四川、重庆、贵州、云南、西藏、陕西、甘肃、青海、宁夏、新疆、广西、内蒙古12个省份。

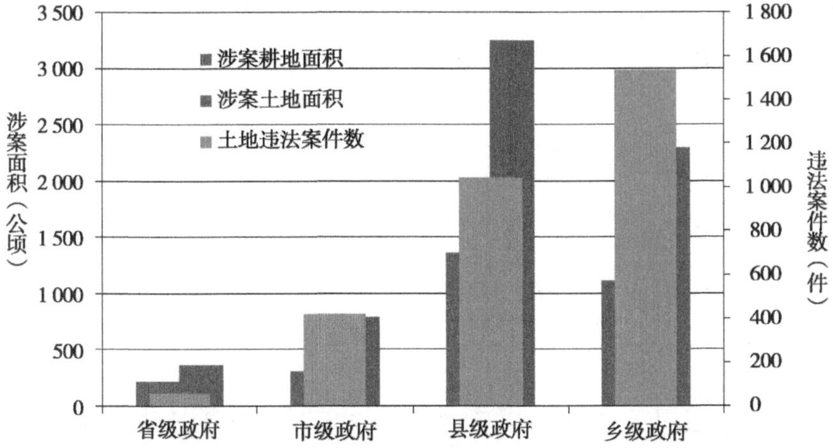

图 3-4　地方政府土地违法面积和案件数均值（1999~2011）

国均值 1 033. 85 公顷。第二类地区包括湖南、湖北、安徽、黑龙江、辽宁、浙江、陕西、四川 8 个省份，主要分布在中部地区和东北地区，也包括东、西部地区的少数省份，该地区违法涉及土地面积均值为 1 092. 83 公顷，略高于全国平均水平，地方政府土地违法程度较为严重。第三类地区包括北京、福建、海南、云南、贵州、宁夏、江西、吉林 8 个省份，主要分布在东部地区和西部地区，这一类地区违法涉及土地面积均值为 578. 58 公顷，地方政府土地违法程度较低。第四类地区包括青海、甘肃、广西、重庆、天津、上海 6 个省份，主要集中在西部地区，属于地方政府土地违法的低发区域，该地区违法涉及土地面积均值为 282. 7 公顷，远低于全国平均水平。

1999 年地方政府土地违法的高发区域包括新疆、四川、湖南、福建、安徽、河北、辽宁、黑龙江 8 个省份，在东、中、西部分布较为分散。2004 年和 2007 年地方政府土地违法的空间分布呈现聚集效应，高发区域主要分布在黄河和长江中下游地区，东、中部地区的土地违法规模有一定程度的扩大。随着地方政府土地违法规模的减小，2011 年地方政府土地违法的高发区域集中在长江中下游和珠江流域地区。因此，1999~2011 年地方政府土地违法的空间分布局部存在聚集效应。

为进一步验证地方政府土地违法行为的空间集聚程度，采用全局空间自相关和局部空间自相关的分析方法，计算地方政府土地违法的 Moran I 指数和 Local Moran's I 指数，计算公式如下：

$$I = \frac{\sum_{i=1}^{n}\sum_{j=1}^{n} W_{ij}(Y_i - \overline{Y})(Y_j - \overline{Y})}{S^2 \sum_{i=1}^{n}\sum_{j=1}^{n} W_{ij}} \tag{3-1}$$

$$I_i = \frac{(Y_i - \overline{Y})}{S^2}\sum_{j} W_{ij}(Y_j - \overline{Y}) \tag{3-2}$$

其中，$S^2 = \frac{1}{n}\sum_{i=1}^{n}(Y_i - \overline{Y})$；$\overline{Y} = \frac{1}{n}\sum_{j=1}^{n} Y_i$；$Y_i$ 表示 i 地区土地违法的涉案面积；n 为地区总数；W_{ij} 为地理距离权重矩阵，反映区域间的空间相关性。Moran I 指数可看作各地区观测值的乘积和，具有渐近正态的分布，其取值范围在-1 和 1 之间。指数绝对值越大，说明空间相关性越明显。通过计算可得，1999~2011 年各省年均违法涉案面积的 Moran I 指数为 0. 102 3，具有空间正相关性，但指数较小，表明地方政府土地违法的空间分布存在一定的聚集效应，但聚集性不强。

根据 1999~2011 年各省年均违法涉案面积的 Local Moran's I 指数绘制地方政府土地违法行为的 LISA 集聚图。地方政府土地违法的空间分布存在以黄河下游为中心的“高—高聚集”区域和以四川省为中心的“低—低聚集”区域，说明山东、安徽、山西、河南以及周边地区地方政府的土地违法最严重。

3.1.3 地方政府土地违法行为的结构

根据主体结构层级不同，地方政府土地违法行为分为省级政府土地违法、市级政府土地违法、县级政府土地违法和乡级政府土地违法。1999~2011 年县级政府土地违法案件数量、涉及土地面积和耕地面积的平均比重分别为 37. 20%、48. 41% 和 43. 89%，乡级政府的平均比重分别为 51. 11%、34. 16% 和 37. 56%，而市级政府的平均比重分别为 9. 44%、12. 02% 和 11. 09%，省级政府的平均比重分别为 2. 25%、5. 41% 和 7. 45%。县、乡级基层政府的土地违法案件数量、涉及土地面积和耕地面积所占比重均在80%以上（见表3-2）。可见，地方政府的土地违法多由县、乡级基层政府主导。

表3-2 地方政府土地违法案件数量、涉及土地面积和耕地面积的平均比重（1999~2011）

（%）

项目	省级政府	市级政府	县级政府	乡级政府
土地违法案件数量比重	2.25	9.44	37.20	51.11
涉及土地面积比重	5.41	12.02	48.41	34.16
涉及耕地面积比重	7.45	11.09	43.89	37.56

从违法涉及土地面积和耕地面积的变化情况看，地方政府的土地违法行为呈现逐渐下降的趋势。1999~2011年，县级政府土地违法涉及土地面积和耕地面积的年均增长率分别为25.56%和19.39%，而乡级政府则为12.00%和9.48%。据表3-3可知，1999~2011年县级政府土地违法涉及土地面积和耕地面积最大，平均分别为3 245.3公顷和1 356.8公顷，是省级政府均值的8.99倍和6.17倍。乡级政府土地违法的案件数量最多，平均为1 533件，分别是省级政府和市级政府的26.89倍和3.65倍。

表3-3 各级地方政府土地违法情况（1999~2011）

年份	违法案件数量（件）				涉及土地面积（公顷）				涉及耕地面积（公顷）			
	省级	市级	县级	乡级	省级	市级	县级	乡级	省级	市级	县级	乡级
1999	62	322	1 828	4 283	122.1	393.9	1 841.0	1 754.2	96.2	99.7	969.6	919.7
2000	70	3 420	1 473	2 401	274.1	561.0	4 657.1	1 884.5	217.7	193.3	577.4	721.3
2001	81	249	1 428	1 971	543.6	1 168.7	2 292.5	1 629.2	461.1	543.3	815.9	746.7
2002	75	321	1 271	1 576	168.6	1 010.5	2 156.9	1 103.3	66.3	530.8	857.0	597.1
2003	69	219	1 939	2 234	121.3	1 467.9	4 946.6	2 761.0	96.3	676.7	2 222.3	1 658.2
2004	20	107	948	1 206	20.8	1 220.2	4 333.9	2 603.4	3.9	416.1	2 814.9	1 848.7
2005	31	315	701	823	27.9	589.8	1763.2	1 912.2	10.8	272.5	948.7	894.0
2006	21	110	732	1 082	42.7	1 010.6	4 833.0	4 013.1	15.4	331.9	1 771.7	1 506.3
2007	134	167	986	1 433	1 447.8	1 308.8	5 055.7	5 171.7	996.9	160.3	2 279.4	1 912.8
2008	56	83	634	747	394.1	712.7	2 221.0	2 131.5	92.7	321.8	797.8	1 123.3
2009	37	57	498	770	334.9	216.9	2 136.8	1 718.6	86.2	116.9	916.2	1 059.6
2010	43	51	588	618	250.0	341.2	3 447.5	1 445.3	129.5	235.9	1 659.4	738.3
2011	43	41	532	780	947.0	366.7	2 503.5	1 731.3	585.7	139.3	1 008.2	709.3
均值	57	420	1 043	1 533	361.1	797.6	3 245.3	2 296.9	219.9	310.6	1 356.8	1 110.4

针对不同主体对各级地方政府土地违法行为严重程度的感知情况，笔者在调研问卷中设置了“您认为目前我国地方政府的土地违法情况严重吗”和“您认为目前我国哪一层级地方政府的土地违法情况最严重”等相关题项，通过实地调研和网络问卷调查的方式对全国12个省、自治区及直辖市的地方政府公职人员、国土资源部门、纪委监察机关、检察院、法院、信访部门等政府职能部门工作人员、专家学者、律师和新闻工作者等社会精英群体，房地产开发公司、旅游开发公司、工业企业等用地企业工作人员和被征地农民发放调查问卷，共回收有效问卷274份。

根据调查结果，用地企业工作人员和农民对乡级政府土地违法行为的感知最强烈，而社会精英群体对县级政府土地违法行为的感知最强烈，政府职能部门工作人员、社会精英群体、用地企业工作人员和农民对省级政府土地违法行为的感知均最弱（见表3-4）。总体而言，从不同主体对各级地方政府土地违法严重程度的主观感知来看，县级政府和乡级政府的土地违法行为是地方政府土地违法的主要形式。

表3-4　不同主体对各级地方政府土地违法行为严重程度的感知差异

不同主体	省级政府	市级政府	县级政府	乡级政府	样本量（份）
政府部门工作人员	1.74	2.33	2.85	3.35	148
社会精英群体	1.83	2.51	3.68	2.96	77
用地企业工作人员	1.79	2.42	3.47	3.58	29
农民	1.01	1.96	2.61	3.70	20

注：1表示不严重，5表示很严重。

3.2　地方政府土地违法行为的影响因素甄别

3.2.1　理论假说

根据地方政府土地违法治理的现状和相关文献研究，笔者认为经济增长、土地财政收入、土地市场化程度、土地违法和土地腐败的查处力度以及土地违法的传染效应等因素可能对地方政府土地违法行为产生重要影响。

（1）经济增长对地方政府土地违法行为的影响

在当前以 GDP 为主要指标的政治激励下，地方政府往往把经济增长作为第一要务。由于土地对经济增长的高贡献率，加之土地供需矛盾的日益凸显，在增加土地投入促进经济增长的强劲动力下，地方政府很容易产生突破规划盲目圈地等土地违法行为。不仅如此，土地还是地方政府招商引资的重要筹码。为在地区竞争的政绩锦标赛中表现突出，地方政府容易产生投机心理，希望通过“以租代征”或低价出让土地等形式吸引投资，牺牲国家和农民的利益换取个人政治利益和地区经济增长。

在发展地区经济和土地供给不足的双重压力下，地方政府违法征收和出让土地的需求提高，违法用地的需求曲线由 D_1 向右平移至 D_2。在违法用地的供给曲线 S 和其他条件不变的情况下，地方政府土地违法量将由 Q_1 增至 Q_2，如图 3-5 所示。

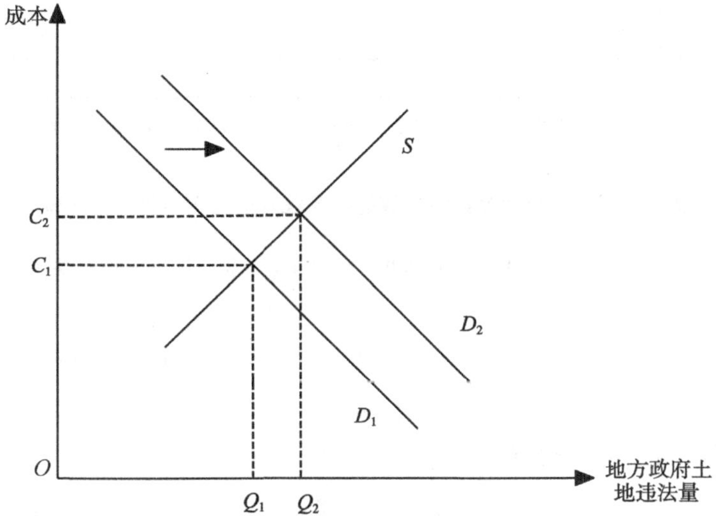

图 3-5　经济增长对地方政府土地违法行为的影响

由此得出假说一：当地区经济增长速度加快时，地方政府土地违法发生的可能也随之增加。

（2）土地财政收入对地方政府土地违法行为的影响

自实行分税制以后，中央将财权下放至地方，各地的土地出让金基本由地方政府独享。近年来，土地出让金占地方政府财政收入的比例呈增长趋势，如图 3-6 所示。土地出让收入和通过抵押土地获得的贷款也已成为地方支出的主要资金来源，土地出让金已逐渐演变为地方的“第二财政”。据统计，2011 年全国土地出让金为 3.15 万亿元，同期地方财政收入为 5.24 万亿元，土地出让金占地方财政收入比例达 60.1%。地方政府对土地财政的依赖不仅导致地方政府以经营城市为名违法征地、违法批地等行为泛滥，还滋生各种腐败寻租行为。

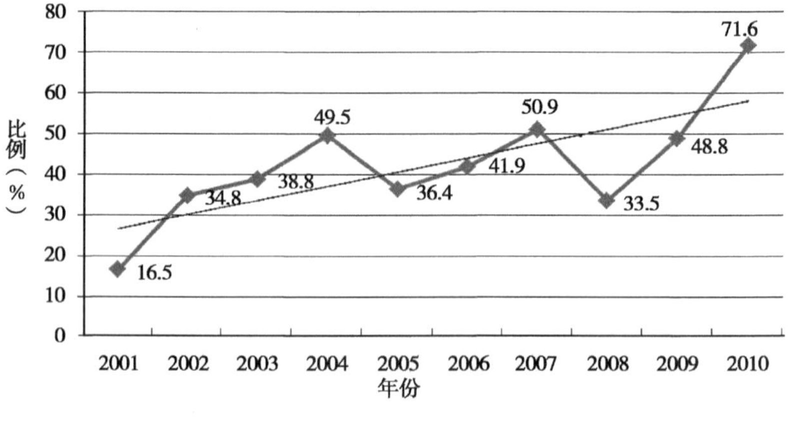

图 3-6 土地出让金占地方政府财政收入的比例（2001~2010）

由此得出假说二：土地财政收入与地方政府土地违法行为应为正相关。

（3）土地市场化程度对地方政府土地违法行为的影响

不同的土地出让方式中，“招拍挂”出让的市场化程度较高，通过市场机制体现土地资源的价值，具有更高的效率；而协议出让的市场化程度相对较低，缺乏公开性和公平性，给地方政府提供较大的定价权力。土地市场化程度越低，地方政府在土地出让中的权力越集中，越容易产生违反土地出让方式“量体裁衣”和低价出让土地盲目招商引资等行为，还可能产生寻租的空间，滋生土地腐败。

根据图 3-7，S 为地方政府的土地供应曲线，D_1 和 D_2 分别为“招拍挂”出让方式和协议、挂牌出让方式下的土地需求曲线，对应的出让价格分别为 P_1 和 P_2，且 $P_2<P_1$。因此，土地使用者以协议出让方式获取土地的价格低于以“招拍挂”方式取得土地的价格，由此产生 $P_1P_2E_2E_1$ 的超额利润。超额利润的存在和协议价格的弹性为地方政府的寻租腐败提供很大空间。

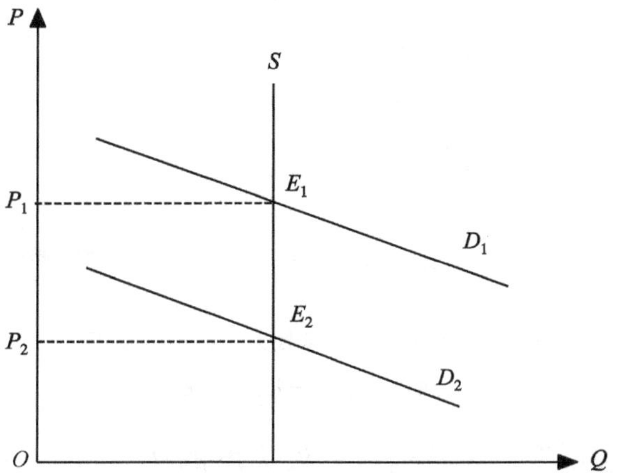

图 3-7　不同土地出让方式产生的寻租空间

由此得出假说三：土地市场化程度的提高会减少地方政府土地违法发生的可能。

（4）土地违法查处力度对地方政府土地违法行为的影响

基于追求自身利益最大化的行为取向，地方政府在实施土地违法行为前会综合衡量其成本和收益。地方政府土地违法的成本可分为显性成本和隐性成本。显性成本主要包括进行土地违法的直接成本和隐藏违法行为付出的成本，隐性成本则包括被查处的概率和惩罚强度、经济惩罚成本、精神或名誉损失、未来收益损失等。通过实施土地督察等手段加大土地违法的监察力度，提高了土地违法行为被查处的概率，增加了地方政府土地违法的隐藏成本；通过土地问责等形式加大土地违法的处罚力度则提高土地违法的惩罚强度，增加地方政府土地违法的隐性成本。

根据图 3-8，在给定需求 D 和其他条件下，加大土地违法查处力度时，地方政府的预期成本会提高，由 C_1 增加至 C_2，地方政府土地违法的供给量减少，供给曲线由 S_1 向左平移至 S_2，地方政府土地违法量将从 Q_1 减少至 Q_2。

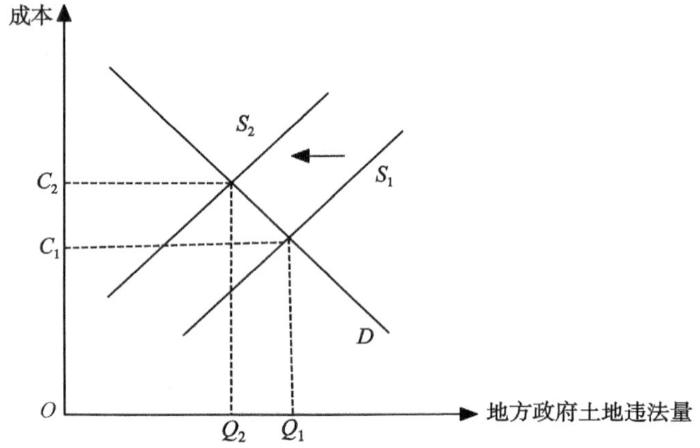

图 3-8　加大土地违法查处力度时地方政府土地违法的成本—收益变化

由此得出假说四：土地违法查处力度的加大可能会减少地方政府的土地违法行为。

（5）土地腐败查处力度对地方政府土地违法行为的影响

一些政府官员将自身利益内化于政府机构中，通过政府机构的行为和公共权力实现自身利益，地方政府的土地违法行为往往伴随着地方官员的设租、寻租等腐败行为。“招商引资的政绩工程为地方官员带来无数荣耀，但政绩冲动下的权力失控也是地方官员贪污腐败的催化剂。因土地腐败落马的官员，大多是分管土地、城建或者重大建设项目的副市长和区长。”❶

原南昌某县委书记便是如此。❷ 该书记曾是顶着“招商政绩工程”

❶ 笔者于 2012 年 10 月对某市检察院反贪局局长的访谈资料。

❷ 原南昌县委书记汤成奇受贿 3 900 万 一审被判死缓［EB/OL］. http：//news.sohu.com/20120129/n333100428.shtml，2012-01-29.

光环的“明星官员”，创造“每月开发1平方公里、每3天引进一个项目、每4天就有一个项目开工”和“一年建设比前十年的总和还要多”的“南昌速度”。正是这“南昌速度”让该书记加速升迁，也是这“南昌速度”催化违法批地、低价出让土地和贪污腐败等行为，最终成为2.8亿多元国有资产流失的“罪魁祸首”。该书记利用职权在土地征收、用途变更和土地出让等方面收受他人财物多达3 900万元，多次擅自以借款、补偿等名义变相返还土地出让金，致使国家遭受1.35亿余元的损失。

土地管理中贪污贿赂职务犯罪案件频发。2009年1月~2010年8月，全国检察机关立案查处土地领域职务犯罪案件1 978件，其中贪污贿赂犯罪1 715件、渎职犯罪263件，大要案1 371件，涉及县处级以上干部要案186人；2010年9月~2011年9月，全国共查办土地领域职务犯罪案件961件1 334人，涉案金额3.2亿元；2011年1~9月，全国共立案查处1.6万件违法用地行为，1 964名责任人因违反国土资源法律法规被移送司法和纪检监察机关追究责任，71人被追究刑事责任。[1]

中央高度重视并出台一系列措施针对土地腐败进行治理。2008年9月，中央印发《建立健全惩治和预防腐败体系2008~2012年工作规划》，明确指出要严肃查处非法批地、低价出让土地或擅自变更规划获取利益的案件。2012年4月，时任中央纪委书记贺国强在加强基层党风廉政建设座谈会上也将征地中的腐败问题列为需严肃查处发生在群众身边十大腐败问题的首位。1999~2009年中国贪污贿赂案件的立案数总体呈减少态势，如图3-9所示，说明加大腐败查处力度有助于减少腐败，与腐败伴随的地方政府土地违法行为也会相应减少。

由此得出假说五：土地腐败查处力度的加大会降低地方政府土地违法发生的可能。

（6）传染效应对地方政府土地违法行为的影响

地方政府的土地违法行为不仅取决于自身成本—收益的综合权衡，

[1] 最高人民检察院反贪总局统计数据。

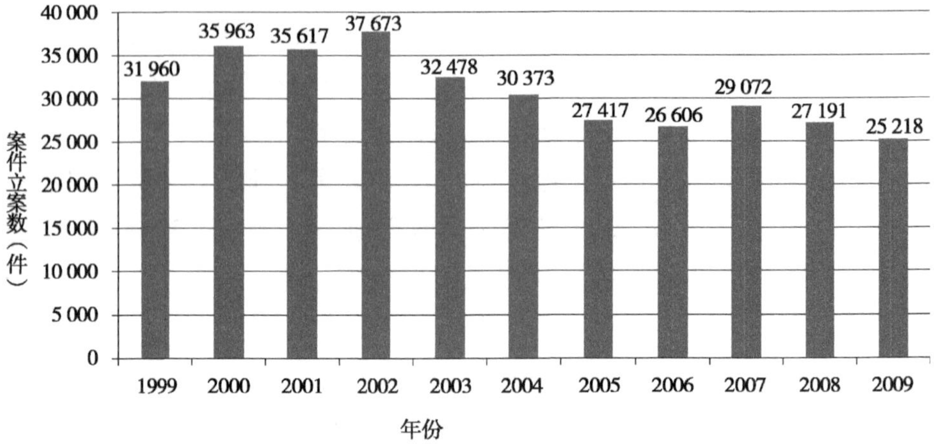

图 3-9　中国贪污贿赂案件立案数（1999~2009）

还取决于对环境的感知，对他人的观察、模仿以及对以往经验的判断，即存在传染效应。单个地方政府的行为是形成整体社会风气的一部分。当群体形成共识时，群体心理又反过来影响单个地方政府的行为。当土地违法成为一种促进地方经济发展的“无奈之选”和地方政府官员中饱私囊的“敛财之道”，并得到各地政府的默认和赞同时，便形成一种不良的社会影响，造成一种负面的示范作用，产生传染效应。地方政府土地违法中的传染效应可能体现为以下三种形式：

第一，地方政府的土地违法行为受当期相邻地区土地违法情况的影响，存在空间传染效应。根据行为经济学理论，人的行为并非完全独立，而是具有很强的从众性和模仿性。比克谦达尼（Bikhchandani）等（1998）认为，绑架、谋杀等违法行为具有传染性，会被他人模仿和学习。戈埃尔（Goel）和纳尔逊（Nelson）（2008）研究 1995~2004 年美国各州的犯罪数据后发现，美国某个州犯罪率的增加会引起相邻州犯罪率的增加，犯罪行为具有明显的传染性。阿提拉（Attila）（2008）采用 120 个国家的跨国样本研究得出，发展中国家的腐败水平受到相邻国家的影响，应采取跨国的腐败打击活动。魏峰（2010）研究发现中国本省的腐败程度会受到相邻省腐败程度的影响。已有文献表明，某地区的违法犯罪程度通常会受到相邻地区的影响。地方政府的土地违法行为也会受到相邻地区的影响，存在一定的模仿性。在政绩锦标赛中，相邻地区往往作为本地区的竞争标尺。当地方政府观察到相邻地区也存在土地违法情况时，在政治激励和法不责众的心理作用下，明知不可为而为之，进一步助长土地违法行为。

第二，地方政府当期土地违法行为受相邻地区前期土地违法情况的影响，存在时空传染效应。由于土地违法具有一定的隐蔽性，往往不能马上被观察和模仿，相邻政府土地违法行为情况对地方政府土地违法的影响可能存在滞后。地方政府发现相邻政府前期的违法用地没有被查处，或者查处但没有被严惩时，便会降低被查处和惩罚的风险预期，对相邻地区的土地违法行为进行模仿。

第三，地方政府当期的土地违法行为受本地区前期土地违法情况的影响，存在时间传染效应。陈刚（2010）利用 2000~2006 年中国省级面板数据发现，前期的高犯罪率会影响人们对犯罪行为的态度和对犯罪惩罚的预期，导致当期犯罪率的高发。董（Dong）等（2012）采用 1986~2003 年的跨国数据研究得出，前期的腐败程度会在很大程度上影响当前的腐败程度。据此可以看出，人的违法犯罪行为会受到过去的影响。地方政府土地违法的成本极低，而利益畸高，处罚力度偏轻。地方政府进行土地违法决策时，会根据其前期土地违法的经验进行判断，当地方政府前期的土地违法行为获得高额利润而没有受到惩处或者处罚不到位时，便会降低地方政府被处罚的预期和处罚的威慑力，导致其不顾法律威严铤而走险。

综合以上分析，可以提出假说六：传染效应的存在会减少地方政府土地违法的负罪感和违法查处成本，可能导致地方政府的土地违法行为进一步增加。

3.2.2 研究方法与数据来源

（1）模型设定

本节使用的基本面板回归模型如下：

$$Y_{nt} = \beta X_{nt} + \varepsilon_{nt} \tag{3-3}$$

其中，Y_{nt}表示地方政府土地违法的程度。X_{nt}为一系列影响地方政府土地违法行为的重要因素。ε_{nt}是不可观测的误差项，表示其他对地方政府土地违法行为产生影响但没有被X_{nt}包括的因素。

相关研究大多采用基本面板回归模型，将各区域看作一个独立个体进行分析，分析本区域当期土地违法的影响因素，并未考虑某地区前期的土地违法与其他地区前期和当期的土地违法情况对地方政府当期土地违法的影响。由于忽略时间滞后性和空间相关性的影响，势必使得分析结果存在偏误，这或许是大多数学者关于土地违法影响因素的实证研究中参数估计不够稳健的重要原因。

因此，为体现理论假说中地方政府土地违法中的传染效应，进一步将式（3-3）中的误差项分解为空间自相关项、时间自相关项、时空自相关项和正态分布的误差项，建立模型：

$$Y_{nt} = \lambda WY_{nt} + \tau Y_{n,\ t-1} + \gamma WY_{n,\ t-1} + \beta X_{nt} + \alpha_t l_n + c_n + V_{nt} \tag{3-4}$$

式中，W为$n\times n$阶的空间权重矩阵，表示地区间的空间相关性。V_{nt}是正态分布的误差项。WY_t为空间自相关项，表示相邻政府当期的土地违法情况对地方政府当期土地违法的影响，λ可以用来刻画地方政府土地违法的空间传染效应。Y_{t-1}为时间自相关项，表示地方政府前期的土地违法情况对其当期土地违法的影响，τ可以体现地方政府土地违法的时间传染效应。WY_{t-1}为时空自相关项，表示相邻政府前期的土地违法情况对地方政府当期土地违法的影响，γ可以度量地方政府土地违法的时空传染效应。α_t为时刻t的时间固定效应，l_n为$n\times 1$维列向量，c_n为$n\times 1$维地区固定效应。[1]

（2）变量选择与数据说明

选取1999~2010年中国内地30个省、自治区、直辖市（不含西藏及港、澳、台地区）的面板数据为样本进行假设检验。数据取自《中

[1] 地区固定效应控制不随时间变化的省份异质因素的影响。时间固定效应控制随时间变化的共同冲击的影响。通过控制空间和时间固定效应，解决部分因遗漏变量引起的内生性。

国统计年鉴（2000~2011）》《中国国土资源统计年鉴（2000~2011）》和《中国检察统计年鉴》中各省级人民检察院的年度工作报告（2000~2011）。空间邻接权重中地区间的相邻关系根据国家基础地理信息中心网站提供的1∶400万电子地图得到。

土地违法的程度一般采用土地违法的涉案面积和土地违法案件数度量。由于个人土地违法案件数量多但涉案面积较小，而地方政府主导或由地方政府纵容的企事业单位的土地违法涉案面积很大，土地违法涉案面积更好地反映地方政府的土地违法程度。因此，本节选取土地违法的涉案面积度量地方政府土地违法的程度。数据取自《中国国土资源统计年鉴》。

根据前文分析，解释变量 X 包括：①经济增长速度，用GDP增长率衡量，数据来源于《中国统计年鉴》。②土地财政收入，用土地出让金衡量，数据来源于《中国国土资源统计年鉴》。③土地出让市场化程度，用土地出让的市场化指数衡量。参照曲福田等（2004）的研究成果，土地出让市场化程度的测算公式为：

$$LM = \frac{H \times W_1 + X \times W_2 + Z \times W_3 + P \times W_4 + G \times W_5}{H + X + Z + P + G} \tag{3-5}$$

其中，LM 为土地出让的市场化程度，H、X、Z、P、G 分别表示我国土地一级市场中划拨、协议、招标、拍卖和挂牌出让的地块数，W_1，…，W_5 分别为不同土地出让方式对应的市场化权重，[1] 国有土地划拨、协议、招标、拍卖和挂牌出让的地块数来自《中国国土资源统计年鉴》。④土地违法的查处力度，用历年隐漏案件的件数占本年土地违法立案案件比重衡量，其中土地违法本年立案数和历年隐漏案件数均来源于《中国国土资源统计年鉴》。⑤腐败的查处力度。参考高远（2010）的研究成果，采用每万公职人员贪污贿赂案件立案数衡量腐败的查处力度，其中，各省贪污贿赂立案数来自《中国检察年鉴》中各

[1] 根据陶坤玉、张敏等（2010）的研究，招标和拍卖出让的市场化程度最高，挂牌出让次之，协议出让的市场化程度较低。而划拨出让是典型的计划配置方式，且基本为无偿获得。因此，划拨、协议、招标、拍卖和挂牌出让的市场化权重分别定义为0、0.2、1、1和0.5。

省级人民检察院的年度工作报告，公职人员数量来源于《中国统计年鉴》，个别缺失的数据根据前后年份数据进行平均估算。❶

地方政府在政治与财政竞争中往往以相邻地区为参考，土地违法的涉案面积在地理空间上存在临近效应。根据托布勒（Tobler）（2004）提出的地理学第一定律，地区间的相互影响随地理距离的加大而趋于减小。因此，空间权重 W 设定为：地区之间的空间相关性取决于地理边界是否相邻，若地区间有共同的边界，矩阵元素为1，若两者不相邻，矩阵元素为 0，对角线元素为 0。将矩阵进行行和标准化处理，使每行元素之和为1。根据之前假设，地方政府土地违法的传染效应体现为空间传染、时间传染和时空传染三种形式，因此，空间自相关项 WY_t、时间自相关项 Y_{t-1}和时空自相关项 WY_{t-1}的预期符号均为正。

表 3-5 给出模型涉及的所有变量的定义。

表 3-5　模型涉及的变量说明

变量名	变量定义	预期符号
土地违法面积	土地违法的涉案面积（对数形式）	
经济增长速度	GDP 增长速度（%）	+
土地财政收入	土地出让金（对数形式）	+
土地市场化程度	土地出让市场化指数	-
土地违法的查处力度	历年隐漏案件的件数占本年立案案件比重（%）	-
腐败的查处力度	每万名公职人员贪污贿赂案件立案数（对数形式）	-
空间传染效应	相邻政府当期土地违法的涉案面积（对数形式）	+
时间传染效应	地方政府前期土地违法的涉案面积（对数形式）	+
时空传染效应	相邻政府前期土地违法的涉案面积（对数形式）	+

（3）估计方法

在空间计量经济学文献中，形如式（3-4）的模型称为空间动态面板模型（Spatial Dynamic Panel Data，SDPD）。对于空间动态面板模

❶ 某些省份在部分年份仅提供总经济案件立案数，没有具体的贪污贿赂案件数。假设在相近年份贪污贿赂案件数占总经济案件立案的比重基本保持不变，用当年经济案件立案总量乘以相近年份贪污贿赂案件数占总经济案件立案的比重来推算当年的贪污贿赂案件数。

型，普通最小二乘法无法得到一致估计。借鉴厄尔霍斯特（Elhorst）（2010）的研究，利用改进的无条件件极大似然法将无穷个参数的估计转化为有限的参数的估计。

为消除固定效应，需要首先对模型进行一阶差分，则：

$$(I_N - \delta W)\Delta Y_1 = \alpha_0 l_N + \Delta X_1\alpha_1 + \cdots + \Delta X_T\alpha_T + \xi + \sum_{j=0}^{m-1} \prod^{j} \Delta\varepsilon_{1-j} \tag{3-6}$$

动态模型的估计有赖于初始观测值的确定，而 ΔY_1 的概率函数无法确定。因此，本书基于数据生成的过程始于离第零期无穷远的过去的假设［哈斯奥等（Hsiao et al.），2002］，做一阶差分的回归方程，利用所有的外生变量 ΔX_i（$i=1$，…，T）测预 ΔX_{-i}（$i=1$，…），从而确定 ΔY_1。

最终建立一阶差分的集中化对数似然函数如下：

$$\mathrm{Log} f(\Delta Y_T, \Delta Y_{T-1}, \Delta Y_2, \Delta Y_1) = -\frac{NT}{2}\log(2\prod\sigma^2) + T\log|I_N - \delta W| - \frac{1}{2}\log|H_{V\theta}| - \frac{1}{2\sigma^2}\Delta e' H_{V_\theta}^{-1}\Delta e \tag{3-7}$$

其中，$\Delta e = \begin{bmatrix} (I_T - \delta W)\Delta Y_1 - \alpha_0 l_N - \Delta X_1\alpha_1 - \cdots - \Delta X_T\alpha_T \\ (I_N - \delta W)\Delta Y_2 - \tau\Delta Y_1 - \Delta X_2\beta \\ (I_N - \delta W)\Delta Y_T - \tau\Delta Y_{T-1} - \Delta X_T\beta \end{bmatrix}$。

通过一阶最大化条件可以获得 σ^2、α 和 β 的估计值，$\hat{\gamma} \equiv \begin{bmatrix} \hat{\alpha}_0 \\ \hat{\alpha}_1 \\ \vdots \\ \hat{\alpha}_T \\ \hat{\beta} \end{bmatrix} = (\tilde{X}' H_{V_\theta}^{-1}\tilde{X})^{-1}\tilde{X}' H_{V_\theta}^{-1}\tilde{Y}$，$\hat{\sigma}^2 = \dfrac{\Delta e' H_{V_\theta}^{-1}\Delta e}{NT}$，然后据此进行数据迭代得到 λ、τ 和 γ 的估计值。为减少计算难度，可以忽略对某些参数的估计，只估计解释变量的参数以及空间相关系数、时间相关系数，不影响估计结

果的有效性和一致性。模型的估计通过 MATLAB 实现。

3.2.3 实证结果与分析

（1）基本结果

表 3-6 列出的是时空动态面板模型（3-4）的估计结果。

表 3-6 模型的基本结果

影响因素	（1）	（2）	（3）
经济增长速度	0.008 7***	0.008 7***	0.008***
	（0.029 8）	（0.029 8）	（0.029 8）
土地财政收入	−0.122 4*	−0.121 1*	−0.12*
	（0.08）	（0.080 2）	（0.080 1）
土地市场化程度	−0.012 1***	−0.012 2***	−0.011 7***
	（0.007 4）	（0.060 5）	（0.007 4）
土地违法的查处力度	—	0.060 5	0.066 5
	—	（0.272 1）	（0.271 9）
土地腐败的查处力度	—	—	−0.005 8***
	—	—	（0.007 8）
空间传染效应	0.002***	0.002***	0.002***
	（0.088 3）	（0.088 3）	（0.088 2）
时间传染效应	0.202 8***	0.201 8***	0.201 9***
	（0.046 7）	（0.046 9）	（0.046 9）
时空传染效应	0.06***	0.058 8***	0.055 9***
	（0.098 2）	（0.098 3）	（0.098 2）
观察值	330	330	330
Adj-R^2	0.752	0.886	0.901

注：括号内为标准误差；上标 ***、** 和 * 分别表示在 1%、5% 和 10% 的水平上显著。

第（1）列的回归结果没有控制土地违法的治理措施对地方政府土地违法的影响，第（2）、（3）列是依次加入土地违法的查处力度和土地腐败的查处力度后的回归结果。从调整后的 R^2 来看，第（1）～（3）列的拟合优度逐渐增大，说明加入土地违法的惩处措施后模型的解释力得以提升。

根据表 3-6 第（3）列的结果，在影响地方政府土地违法的主要因素中，多数变量与土地违法的涉案面积 Y_{nt} 有显著的相关关系。

GDP 增速与 Y_{nt}显著正相关，说明经济增长越快，地方政府的用地需求越高，为加速发展经济使得自身在政治竞争中脱颖而出，土地违法的程度越高。

根据国土资源部执法监察局所做的覆盖全国 31 个省、区、市的调研结果，3 202 个调研对象中有 65% 的人认为地方政府发展经济愿望强烈和国土资源供需矛盾突出是产生地方政府土地违法行为的主要原因，如图 3-10 所示，也验证经济增长和地方政府土地违法行为的正相关关系。

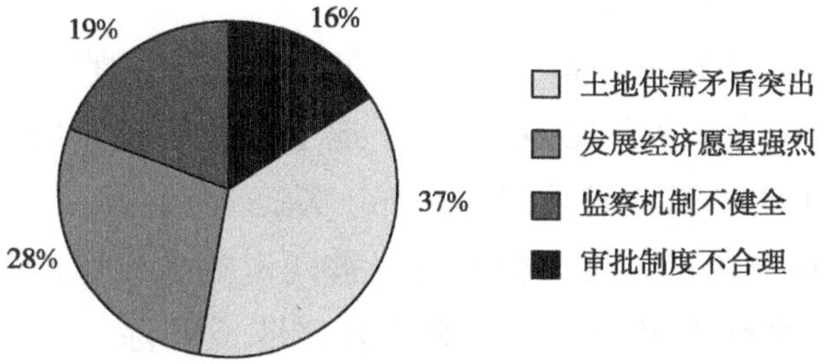

图 3-10　地方政府土地违法的主要原因

资料来源：国土资源部执法监察局“百县千镇国土资源领域违法违规问题问卷调查通报”［I］. 2011-10-13.

土地出让金与 Y_{nt}负相关，但不够显著，说明假说二并不成立，并非土地出让金越高越容易引起地方政府的土地违法。这可能是由于地方政府非法批地、低价出让土地以及默认或纵容企业未经批准占地的主要目的往往是通过招商引资发展地方经济，而并不一定是为了获得高额的土地出让金。

土地出让的市场化程度对 Y_{nt}具有显著为负的影响，假说三成立，说明土地出让的市场化程度越高，越有可能减少土地腐败的机会，降低地方政府官员土地违法的预期收益，进而抑制土地违法。

土地违法的查处力度与 Y_{nt}正相关，但不显著，说明土地违法的查处力度对土地违法可能存在两方面的作用，加大对土地违法的查处力度一方面会使某些未被揭露的土地违法案件浮出水面，另一方面会增加地方政府土地违法的心理压力，使部分潜在违法者不敢违法。

贪污腐败的打击力度与 Y_{nt} 显著负相关，假说五成立，说明对贪污腐败的打击力度越大，越能对地方政府官员产生威慑力，进而抑制因牟取私利违法出让土地的行为。

表征空间传染效应的空间自相关项系数 λ、表征时间传染效应的时间自相关项系数 τ 以及表征时空传染效应的时空自相关项系数 γ 的估计值均为正，且在1%水平上显著，与之前的理论预期相符，说明地方政府的土地违法不仅取决于其自身的成本—收益分析，还受本地区前期土地违法程度以及相邻政府当期和前期土地违法程度的显著正向影响，存在空间、时间和时空传染效应。

对土地违法行为的宽容，就是对守法用地行为的不公，会形成对守法者的逆向引导。根据2009年度土地卫片执法检查的首次土地问责结果直至2011年7月7日才对外公布，缺乏时效性。首次土地问责中有44名地方政府负责人被纪律处分，被问责的地方政府官员大多被记过处分，部分被行政警告，还没有出现撤职或开除的处分，问责力度仅停留在行政问责层面，没有上升到法律问责的高度，被问责地方官员中的一部分被视为当地经济发展过程中的“功臣”已被提拔升迁，[1]从而造成负面的模仿。地方政府土地违法的高发区往往与经济中心和快速发展地区重合，若不坚决遏制，势必造成土地违法与经济发展联动的“示范效应”。

对地方政府土地违法行为的从宽处罚，使某些地区通过补办合法手续最终合法转正，甚至比依法用地更便捷、更经济、更及时得到土地，这必然给违法用地者加注动力，给依法用地者施加压力，从而加剧地方政府土地违法行为的模仿和从众性。例如，辽宁抚顺经济开发区违法占地多达153公顷，用于8家企业及道路建设。国土资源部挂牌督办该案，并作出责令退还违法占地，将能够复耕的土地退还农民的处罚。然而，在被督办整改后不足一个月时间，辽宁省有关部门一

---

[1] 首次土地问责73人受处 被指只打苍蝇不打老虎［EB/OL］. http://news.xinhuanet.com/politics/2011-07/08/c_ 121638517_ 6.htm，2011-07-08.

次性分配给该区用地指标 528 公顷，同时安排农村集体土地 12 公顷征收国有，不仅使该区违法占地“合法化”，还获得违法占地 3 倍以上的指标。[1]

（2）地方政府土地违法传染效应的分解

根据表 3-6 第（3）列的结果，时间自相关项系数 τ 为 0.201 9，时空自相关项系数 γ 为 0.055 9，空间自相关项系数 λ 为 0.002，地方政府土地违法的时间传染效应强于时空传染效应，空间传染效应最弱。这说明在传染效应对地方政府当期的土地违法造成的影响中，地方政府前期土地违法程度的影响最大，其次为相邻政府前期土地违法程度的影响，相邻政府当期土地违法程度的影响最小。传染效应主要体现为前期土地违法程度对地方政府当期土地违法造成的影响。这可能是因为地方政府的土地违法往往具有一定的隐蔽性，土地违法行为还未被揭露与查处时不太容易被直接观察，土地违法负面的传染效应通常具有滞后性。当地方政府和相邻政府前期的土地违法没有被查处或者被查处但惩罚力度很轻时，会降低潜在违法者的心理压力和惩罚预期，造成负面的传染效应，加剧土地违法的蔓延。

加入土地违法的查处力度和贪污腐败的查处力度后，第（3）列 τ 和 γ 的估计值相对于第（1）列的估计值有所降低，说明对土地违法和土地腐败的打击能使前期隐漏的土地违法和贪污腐败案件浮出水面，形成“违法必究”的社会环境，通过对已有违法者的查处和惩罚对潜在的违法者产生约束力和威慑力，进而减少前期土地违法对当期土地违法的影响，抑制地方政府土地违法的时间和时空传染效应。

无论是否考虑土地违法的查处力度和贪污腐败的查处力度，第（1）、（2）、（3）列 λ 的估计值均没有变化，说明加大土地违法和贪污腐败的打击力度对抑制地方政府土地违法的空间传染效应不起作用。其原因可能是：在不改变以经济指标为主的政绩考核体系的情况下，

[1] 东莞国土局长称土地违法问责抡起大棒砸下鸡毛掸［EB/OL］. http：//bj.house.sina.com.cn/news/2012-09-14/1356415366.shtml，2012-09-14.

相邻政府的土地违法行为会强化地方政府法不责众的心理，降低地方政府土地违法的负罪感，形成负面的社会环境，使土地违法加剧蔓延。仅加大土地违法和贪污腐败的打击力度并不能改变这种社会环境，因而无法抑制相邻政府当期土地违法对本地区的影响。

3.2.4 稳健性检验

为进一步验证回归结果的稳健性，下面进行如下稳健性检验，估计结果见表 3-7。

表 3-7 稳健性检验结果

影响因素	(1)	(2)	(3)
空间传染效应	0.002***	0.003***	0.001***
	(0.088 2)	(0.083 9)	(0.087 9)
时间传染效应	0.201 6***	0.206 4***	0.209 7***
	(0.047)	(0.046 8)	(0.047 4)
时空传染效应	0.053 6***	0.091 6***	0.048 8***
	(0.098)	(0.078 8)	(0.098 5)
GDP 增长率	—	0.01***	0.011 4***
	—	(0.029 8)	(0.027 3)
土地财政收入	-0.116 2*	-0.121 2*	-0.035 1*
	(0.079 6)	(0.079 9)	(0.083 4)
土地市场化程度	-0.011 9***	-0.011 3***	-0.007 8***
	(0.007 5)	(0.007 4)	(0.007 2)
土地违法的查处力度	0.066 1	0.053	0.063 1
	(0.272 1)	(0.271 6)	(0.284 3)
腐败的查处力度	-0.005 9***	-0.005 7***	-0.005 1***
	(0.007 8)	(0.007 8)	(0.007 9)
人均 GDP	0.015	—	—
	(0.658 5)	—	—
观察值	330	330	330
Adj-R^2	0.892	0.921	0.895

注：括号内为标准误差；上标 ***、** 和 * 分别表示在 1%、5% 和 10% 的水平上显著。

首先，将表征经济增长速度的 GDP 增速换成人均 GDP 进行回归估计。根据表 3-7 第（1）列的估计结果，其他控制变量的符号均与基本回归结果一致，显著性也没有较大变化。人均 GDP 对地方政府土地违法的涉案面积有正向的影响，但不显著，说明一方面经济发展水平越高的地区用地需求越大，土地违法的涉案面积也可能越大；另一方面经济发展水平较高地区的监督机制相对完善，法律意识相对较强，在一定程度上抑制土地违法。

其次，检验不同空间结构的稳健性。空间邻接权重仅能反映地区的空间邻接情况，无论地区间经济发展水平是否存在差异，均被赋予相等的权重。在考虑其他地区对某地方政府土地违法行为的影响时，为防止权重选取对估计结果产生影响，可以根据相邻地区经济水平的差异赋予不同的权重，并重新进行估算，以便相互印证结果。按人均 GDP 加权的空间权重则为空间邻接权重矩阵 W 与各地区 GDP 所占比重均值的对角矩阵的乘积，设定为：$W_{GDP} = W \times \mathrm{diag}\left(\frac{\bar{x}_1}{\bar{x}}, \frac{\bar{x}_2}{\bar{x}}, \cdots, \frac{\bar{x}_n}{\bar{x}}\right)$，$x$ 为按可比价进行换算的人均 GDP。在人均 GDP 空间权重下，经济发展较发达地区对经济较落后地区的影响更大。

根据表 3-7 第（2）列的估计结果，与基本回归结果相比，GDP 增速与 Y_{nt} 的正相关系数显著提高，说明在人均 GDP 空间权重下，经济增长速度对地方政府土地违法有着更为强烈的推动作用。地方政府往往以经济发达地区作为榜样，土地违法与经济增长联动的“示范效应”明显。空间自相关项的系数 λ、时间自相关项的系数 τ 和时空自相关项的系数 γ 较基本回归结果有所增加，说明在人均 GDP 空间权重下，土地违法的传染效应更强。究其原因，可能是地区间的空间相互作用并非一致，经济较发达地区对经济较差地区的辐射和带动作用明显较强，而经济较差地区对经济发达地区的影响力较弱。其他解释变量的符号与显著性均没有较大变化。

最后，考虑到控制变量可能存在的内生性，采用滞后一期的控制变量进行估计。表 3-7 第（3）列的回归结果与基本回归的结果基本一致。解释变量的估计结果、标准差和拟合优度都未因空间权重的设定改变而出现明显的变化。

以上稳健性检验为基本回归的结果提供进一步的证据。

3.3 本章小结

本章首先观察了地方政府土地违法行为的现状特征。随着土地违法治理力度的不断加大，被查处的地方政府土地违法案件数总体呈减少趋势，但涉案土地面积和耕地面积以及案均土地面积和耕地面积均呈增加态势，形势依然严峻；地方政府土地违法案件查处的变化过程阶段性特征明显，治理成效与治理力度显著相关；地方政府土地违法行为空间分布上总体较为分散，局部呈现聚集效应；结构上以县乡一级基层政府为主，存在逐渐下移的倾向。

其次考察了地方政府土地违法行为的影响因素。实证结果表明：经济增长速度、土地财政收入、土地市场化程度、土地违法和腐败的查处力度以及土地违法的传染效应等因素会对地方政府的土地违法行为产生不同程度的影响。在当前财政分权制度、政绩考核制度和土地管理制度的制度背景下，地方政府片面追求政治利益和经济利益的最大化是产生土地违法行为的现实诱因，监督约束机制的不足是地方政府土地违法行为形成的催化剂，传染效应的存在则进一步推动地方政府土地违法行为的蔓延。

因此，地方政府土地违法行为的治理，不仅要考虑本地区当期的经济、财政、制度、法律等影响因素，还应考虑本地区前期以及相邻政府当期和前期的土地违法对地方政府土地违法行为的影响，通过抑制负面的传染效应减少地方政府土地违法行为的蔓延。

4

DIFANG ZHENGFU TUDI WEIFA XINGWEI DE ZHILI ZHUTI

地方政府土地违法行为的治理主体

地方政府土地违法行为的治理主体是所有治理机制最终的推行方，识别和分析治理主体有利于系统构建治理网络，提高地方政府土地违法治理效率。本章基于网络平台收集的280例典型治理案例，并根据管理权限级别和职能性质，将参与地方政府土地违法行为治理的主体划分为：中央政府、省级政府、市与县级政府及其组成部门和非政府主体，如图4-1所示。

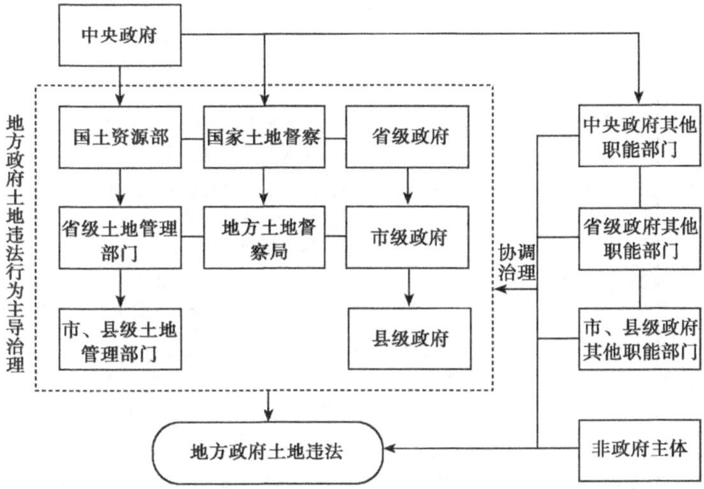

图4-1 地方政府土地违法行为治理主体组成

本章首先找出不同治理主体的现状特征，剖析主要治理主体之间的博弈关系，然后在分析治理主体结构的基础上提出优化地方政府土地违法行为治理主体的建议。

4.1 地方政府土地违法治理主体的类别及特征

4.1.1 中央政府及其组成部门

根据案例统计，国务院及其办公厅、国土资源部和国务院其他组成部门参与了地方政府土地违法行为的治理。

中央政府对地方政府的行为有最高的行政领导和决定权，且对规范地方政府的土地管理十分重视，通过颁布一系列行政法规和命令、推行国土资源管理体制改革、完善土地督察制度等措施治理地方政府的土地违法行为❶（见表4-1）。

表4-1 中央政府直接治理地方政府土地违法的主要政策文件

政策文件	颁布时间	治理地方政府土地违法行为的政策要点
中华人民共和国土地管理法实施条例（国务院令第256号）	1998年12月27日	明确地方政府贯彻和实施土地管理法的要求，进一步细化地方政府土地执法的法律依据和要求
暂停审批各类开发区的紧急通知（国办发〔2003〕30号）	2003年7月18日	防止地方政府盲目设立和扩建各类开发区，防止地方政府违规突击审批各类开发区
加大工作力度进一步治理整顿土地市场秩序的紧急通知（国办发〔2003〕7号）	2003年11月3日	防止地方政府因片面追求短期经济效益，对开发区治理整顿工作重视不够，抑制开发区盲目扩张和地方政府非法批地的势头
暂停新建高尔夫球场的通知（国办发〔2004〕1号）	2004年1月10日	遏制高尔夫球场的盲目建设和大量土地占用；防止地方政府借建高尔夫球场名义变相进行房地产开发违法批地
做好省级以下国土资源管理体制改革有关问题的通知（国发〔2004〕12号）	2004年4月21日	强化省级人民政府及其国土资源主管部门的执法监察职能。强化直接查处省级以下人民政府及国土资源部门的土地违法行为，提高监督和查处的透明度
深入开展土地市场治理整顿严格土地管理的紧急通知（国办发明电〔2004〕20号）	2004年4月29日	整顿未批先用、征而未用、乱占滥用和随意改变土地用途等问题；整顿地方政府违反国家产业政策、超规划、超计划、越权和分拆批地等问题
深化改革严格土地管理的决定（国发〔2004〕28号）	2004年10月21日	完善土地执法监察体制，设立国家土地总督察，向地方派驻土地督察专员，监督土地执法行为；加强对地方政府土地执法问责制落实情况的督察
建立国家土地督察制度有关问题的通知（国办发〔2006〕50号）	2006年7月13日	建立国家土地督察制度，设立派驻地区的国家土地督察局，及时发现土地违法并提出纠正意见
加强土地宏观调控有关问题的通知（国发〔2006〕31号）	2006年8月31日	强调严肃惩处土地违法违规行为，强化地方政府的土地管理责任，严格实行问责制，由国务院向省级人民政府主要负责人问责

❶ 国务院行使的与地方政府土地违法行为治理有关的职能如下：（1）根据宪法和法律，规定行政措施，制定行政法规，发布决定和命令；（2）规定各部和各委员会的任务和职责，统一领导各部和各委员会的工作，并且领导不属于各部和各委员会的全国性的行政工作；（3）统一领导全国地方各级国家行政机关的工作，规定中央和省、自治区、直辖市的国家行政机关的职权的具体划分；（4）领导和管理民政、公安、司法行政和监察等工作；（5）改变或者撤销地方各级国家行政机关的不适当的决定和命令。

续表

政策文件	颁布时间	治理地方政府土地违法行为的政策要点
进一步严格征地拆迁管理工作切实维护群众合法权益的紧急通知（国办发〔2010〕15号）	2010年5月15日	加强和改进地方政府在土地征地方面的管理，规范征地程序，明确安置补偿标准，防止地方政府低价征地、降低安置保障标准等违法征地行为
国有土地上房屋征收与补偿条例（国务院令第590号）	2011年1月21日	明确地方政府因公共利益的需要，征收国有土地上单位、个人的房屋，并收回土地使用权的程序；明确规定地方政府在国有土地征收中的责任及违法处分规定
土地复垦条例（国务院令第592号）	2011年3月5日	明确地方政府土地复垦责任范围、工作内容，明确对负有土地复垦监督管理职责的部门及其工作人员进行行政处分违规情况，构成犯罪的，依法追究刑事责任

国土资源部是中央政府的土地管理职能部门，是治理地方政府土地违法行为的主要主体。国土资源部承担着规范国土资源市场秩序、耕地保护、规范国土资源管理秩序、依法征收土地出让金和规范、监督资金使用等职能，❶ 主要通过制定部门规章，发布相关通知命令，推进土地制度改革，开展土地督察、执法检查和土地问责等形式直接治理地方政府的土地违法行为。

国土资源部通过制定一系列的规章制度治理地方政府的土地违法行为：2005年发布《查处土地违法行为立案标准》，明确对地方政府土地违法进行行政处分的立案标准；2008年颁布《土地违法案件查处办法》，并联合监察部、人力资源和社会保障部发布《违反土地管理规定行为处分办法》，明确县级以上人民政府土地管理部门依法查处地方政府土地违法案件的查处办法，确定对地方政府主要负责人的问责制。

依照相关法律法规，国土资源部通过土地督察、土地问责、执法检查、对土地违法典型案件挂牌督办和专项治理等一系列活动，建立

❶ 国土资源部行使的与地方政府土地违法行为治理有关的职能如下：（1）承担规范国土资源管理秩序的责任；（2）承担全国耕地保护的责任，确保规划确定的耕地保有量和基本农田面积不减少；（3）承担规范国土资源市场秩序的责任；（4）依法征收资源收益，规范、监督资金使用。

对地方政府的监督检查机制，从监督、发现、制止、查处等方面全面治理地方政府的土地违法行为。[1] 例如，2012 年 6 月，国家土地督察局对督察范围内地方政府土地管理情况进行监督检查，针对西双版纳州国际旅游度假区和工业园区等多个项目违规供地、土地出让金征缴不规范、违规征收土地、违规占地建设高尔夫球场和别墅等问题，向云南省人民政府发出通报。

国土资源部还通过发布一系列通知和命令推进土地制度改革，预防地方政府的土地违法行为。例如，2004 年颁布《关于发布和实施工业项目建设用地控制指标的通知》，通过加强工业项目建设用地管理，防止地方政府因盲目追求短期经济利益违法、超标审批工业用地项目；2007 年发布《招标拍卖挂牌出让国有建设用地使用权规定》，通过严格市场化形式规范土地出让，压缩地方政府违法批地的寻租空间；2009 年发布《土地利用总体规划编制审查办法》，严格规范土地利用总体规划的编制、审查和报批，防止地方政府擅自调整规划的土地违法行为；2010 年和 2011 年分别发布《关于进一步做好征地管理工作的通知》和《关于切实做好征地拆迁管理工作的紧急通知》，通过规范和改进征地管理，维护被征地农民的合法利益，防止地方政府的违法违规征地行为。

中央政府的其他职能部门大多以联合协同的方式参与治理地方政府土地违法行为。如 2010 年国土资源部、国家发展和改革委员会、工业和信息化部、监察部、环境保护部、住房城乡建设部、交通运输部、铁道部、水利部、国家能源局十部委联合下发《关于进一步加强和改进国家和省级重点项目建设用地服务和监管的通知》，联手整治地方政府在各级、各类重点项目建设中的违法用地；2008 年监察部、[2] 国土

[1] 《关于进一步加强国土资源执法监察工作的通知》（国土资发〔2005〕220 号）指出，要加大国土资源违法案件的查处力度，坚持预防为主的督察机制，建立对地方政府的监督检查机制。

[2] 监察部与中共中央纪律检查委员会机关合署办公，机构列入国务院序列，编制列入中共中央直属机构。

资源部、人力资源和社会保障部联合发布《违反土地管理规定行为处分办法》，正式确立土地问责制，2010 年三部委首次联合开展土地问责；国家信访局通过批转和处理涉及地方政府土地违法行为的信访件参与治理工作。

中央政府及其组成部门作为地方政府土地违法行为治理主体的特征包括以下方面：

（1）对地方政府土地违法治理的专效性显著。地方政府土地违法既表现出非法性，同时还具备行政性特征。中央政府作为最高行政管理机关，通过领导地方政府及国土资源部、监察部等职能部门，对地方政府土地违法行为开展行政查处。因此，查处治理的专效性显著。土地督察制度的设立是中央政府专项治理地方政府土地违法的重要表现，随着土地督察制度的不断完善，治理成效将进一步提高。

（2）治理成本较高，时效性不强。从中央政府具体实施土地督察和土地问责制度来看，土地督察和行政问责均建立在全国范围内的大规模卫片执法检查基础上，工作量很大，实施成本较高，具体施行时采用的是事后惩处的方式，且行政问责过程需部门联合，时间周期较长，造成治理的时效性有限，已形成的严重违法用地难以逆转恢复，对相关责任人的责任追究往往明显滞后。如 2011 年土地问责中 73 名地方政府或国土管理部门负责人受到纪律处分，部分被处分的官员在未处分前已得到升迁。

（3）治理过程的高透明度和治理结果的高认同度。对中央政府及其职能部门主导的治理案例分析显示，定期治理情况披露和治理结果通报形式较为稳定，如国土资源部和国家土地督察的定期通报，三部委的联合问责通报等。稳定的通报形式能够有效提高治理过程的透明度，社会舆论对地方政府土地违法治理过程和治理结果有可靠的认知渠道，治理结果的社会认同度较高。根据对湖北省孝感市、武汉市政府公职人员及其他社会民众问卷调查显示，中央政府及其职能部门治理地方政府土地违法的治理结果社会认同度最高。

4.1.2 省级政府及其组成部门

省政府及其办公厅、省级土地管理部门和省级其他组成部门也参与了地方政府土地违法行为的治理。[1] 省级政府通过制定相关规章制度、监管用地情况、开展土地执法督察、实施其他相关行政管理工作等治理下级地方政府的土地违法行为。此外，省级政府其他职能部门如监察部门、发改部门、环保部门、住房与建设管理部门等通过其职能审查和监管工作协同治理地方政府的土地违法行为。

省级政府通过制定规章制度预防和治理地方政府的土地违法行为。2011 年河南省政府发布《关于进一步加强土地开发利用管理的若干意见》，严格追究非法批准用地、占地的国家公职人员责任，给予党纪政纪处分；构成犯罪的，移送司法机关依法追究法律责任；对重大土地违法违规行为或造成较大社会影响的典型案件进行公开处理。

省级政府还通过行政复议治理地方政府土地违法行为。2013 年山东省政府通过行政复议裁决确认聊城市人民政府未经批准占用集体所有土地的行为违法，责令其做好涉及土地使用权人的安置补偿工作。

省级政府也可以直接查处地方政府的土地违法行为。2011 年 6 月，山东省政府召开土地执法检查工作会议，通报郯城县政府非法占地案等 5 起地方政府土地违法案件的查处情况。2007 年清新县违法征地案曝光后，广东省政府下发通知责成对违法违规用地情况进行全面清查，给予相关责任领导和直接责任人行政处分。

省级土地管理部门通过其日常工作直接治理下级地方政府的土地违法行为。2010 年云南省禄丰县政府违法征地案中，由云南省国土资源厅督促进行查处，禄丰县国土资源局对县政府的违法征地实施撤销，收回违法用地许可。[2]

---

[1] 相对于市、县级地方政府及其土地管理部门的一般行政管辖和土地管理权，省级政府及其国土管理部门在土地管理权方面还拥有辖区内部分土地征收批准权、部分城市土地利用总体规划批准权，承担土地管理地方性法规、规章的起草及组织实施，负责下一级国土管理部门主管工作。

[2] 国土资源部 2011 年 7 月通报的八起国土资源领域违法违规案件之一。

省级政府的其他职能部门也参与地方政府土地违法行为的治理。2010 年安徽省发改委撤销芜湖市发改委作出的《关于同意原中江商场及周边地块开展前期工作的批复》，制止芜湖市国有土地收储中心及相关征收主体的违法征地行为。

省级政府及其组成部门作为地方政府土地违法治理主体的特征包括以下两方面：

（1）违法治理效率较高。与中央政府相比，省级政府对辖区内的土地管理信息更了解，与下级政府的沟通更及时，治理所需周期较短，具有较高的效率。与市、县级地方政府相比，省级政府拥有更高的行政许可权、土地审批权和人事管理权，对下级地方政府的土地违法行为产生较强的震慑作用。

（2）主动治理动力不足。根据案例情况，省级政府鲜有因土地违法行为被追究责任。中央政府在开展土地问责活动中，对地方政府土地违法行为的责任领导和责任人问责主要集中在市、县及其以下级别政府，省级政府受责任追究风险低，且存在地方和部门保护等情况，造成省级政府对下属地方政府的土地管理行为监管不到位，主动治理动力不足。

4.1.3 市、县级政府及其组成部门

市、县级政府（包括副省级城市、地市级和县市级政府）是地区发展规划、土地利用总体规划的具体落实方，通过制定规章制度、❶ 日常监管、行政复议裁决等工作及时发现下级政府的土地违法行为并有效开展治理活动，是治理地方政府土地违法行为的重要主体。

部分市级政府通过发布相关的规章制度治理地方政府的土地违法行为。武汉、九江等地发布相关问责办法，对违反土地管理规定、未履行土地管理职责的区县政府和市政府部门行政首长进行问责。

市级政府一般通过督办的形式参与下级政府土地违法行为的治理。2007 年，江苏省铜山县建设管理部门未经土地审批向某用地企业核发

❶ 根据《中华人民共和国立法法》，国务院颁布认定的“较大的市”具有地方立法权。

《建设用地规划许可证》，造成违法用地，案发后徐州市政府督促治理，铜山县国土资源局立案调查并责令其退还违法用地。[1]

市级土地管理部门是重要治理主体之一。2010年，张家口市国土资源局责令赤城县国土资源局撤销非法批准的临时用地文件，并给予赤城县国土资源局主要责任人行政处分。[2]

县级政府也参与下级地方政府土地违法行为的治理工作。贵州省纳雍县政府出台《纳雍县违反土地管理规定行政首长问责暂行办法》，对违反土地管理规定的乡政府和县政府部门行政首长进行问责。2009年，河北省迁安市对彭店子乡以租代征占用集体用地的案件作出查处决定，解除租赁协议，恢复农民土地承包经营权，并给予乡领导及责任人行政处分。

市县级政府的其他职能部门一般以协同治理的方式参与地方政府土地违法行为的治理工作。2010年，四川省大邑县违法实施土地征收、出让用于建设“恒大山水城”。案发后成都市国土资源局立案查处，大邑县建设部门责令该项目停建停售，规划、建设、房管部门分别撤销相关行政许可。

市、县级政府及其组成部门作为地方政府土地违法治理主体的特征包括以下方面：

（1）治理时效性强，但治理结果不完全。市、县级政府对辖区内土地利用情况最了解，能够更迅速、全面地获取土地违法信息，且土地执法监管是市、县土地管理部门的重要日常职能工作，使治理活动具备很高的时效性，能够及时制止土地违法行为，防止对土地资源的破坏，对土地资源的保护更具实效性。与中央和省级政府相比，市、县级政府对违法责任人的追究不严格，未充分利用行政处分和司法手段进行有效惩戒，往往以罚金代替处分，治理结果不完全。

（2）主动治理的动力不足。由于市、县级政府对土地经济依赖明

---

[1] 2009年11月26日中央电视台《焦点访谈》。

[2] 国土资源部2010年7月通报的五起国土资源领域违法违规案件之一。

显，具有“违法者”和“治理者”的双重身份，造成其主动治理动力不足，治理行动多在中央及省级政府土地督察集中期，多以协调治理形式参与，阶段集中特征显著。

（3）治理的透明度低，治理效果的认同度不高。受地方保护和部门保护思想影响，为维护地区和部门声誉，省、市级政府很少公布辖区内地方政府土地违法案件情况，治理的透明度较低，影响公众对其的认同度。问卷调查结果显示，在各类政府治理主体中，公众对市、县级政府治理的认同度最低，仅占 18%（见图 4-2）。

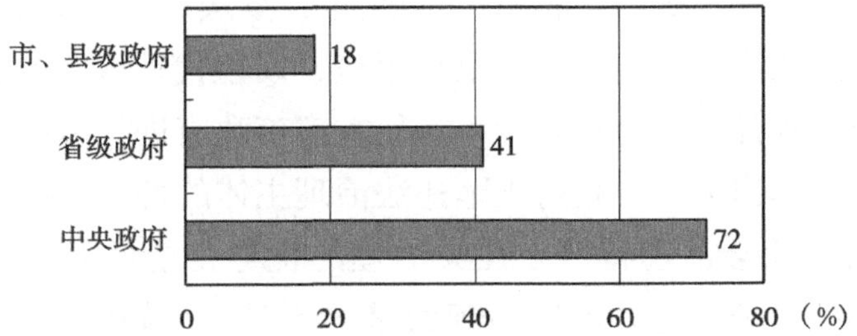

图 4-2 公众对各级政府治理主体的认同度

4.1.4 非政府主体

除中央政府、省级政府和市、县级政府及其组成部门等政府治理主体外，一些非政府组织、社会舆论及个人等非政府主体也参与了地方政府土地违法治理。

非政府组织❶一般以代理人、咨询机构身份参与地方政府土地违法行为的治理。2011 年，山东省泗水县违法征收农民土地及房屋，北京征地拆迁律师团代理被征农民进行维权，向济宁市政府提请行政复议，

❶ 非政府组织是政府部门以外的其他机构或组织，既包括一些营利性的代理机构和信息咨询机构，如律师事务所或信息咨询公司，又包括近年来逐步增多的新型非政府组织（NGO）。NGO 指在特定法律系统下，有别于政府部门的协会、社团、基金会、慈善信托、非营利公司或其他法人。非权力驱动性、非营利性、志愿性是 NGO 最重要的特征。NGO 是公民社会的重要标志产物，也是公民社会中治理公众问题的重要力量。

济宁市人民政府受理后裁决泗水县人民政府的征收决定文件违法。❶

社会舆论一般利用媒体、网络等揭露曝光、跟踪报道的形式参与地方政府土地违法治理。河北香河县从2008年起，通过“以租代征”等方式违法圈占耕地、违规流转土地及违规改变土地利用类型。新华社及中央电视台先后进行曝光，引起国土资源部的关注，并作为重大案件挂牌督办。❷

作为违法征地的受害者，农民有强烈意愿参与地方政府土地违法的治理。农民并不能阻止地方政府的土地违法行为，但能够通过监督上访和司法诉讼等形式参与治理。2009年，重庆市永川区农民针对区政府在农村土地流转中违法改变土地用途、以租代征等情况进行信访，国家土地督察成都局实地核查后，督促重庆市政府进行治理。❸

非政府主体作为地方政府土地违法治理主体的特征包括以下方面：

（1）具有社会治理特性。社会治理的优势是能够开展更为广泛、及时的监督和治理，弥补政府治理力量的不足，而缺陷在于规范性不足。非政府组织、社会舆论和农民的个体利益倾向较明显，存在一些缺乏法制规范的行为，影响治理成效。例如，目前互联网上普遍存在的言论失范，对于社会治理活动有明显制约。一些农民以暴力抗阻地方政府土地违法，也引发其他社会冲突。

（2）治理过程的透明度较高。在参与地方政府土地违法治理时，非政府主体以过程监督为主。通过对监督信息的传递和治理过程的跟踪，能够提高治理过程的透明度，有利于压缩政府的违法空间。

（3）治理成效逐步提高。在治理过程中，非政府主体与政府间信息不对称，对土地违法信息掌握明显处于劣势地位，使多数治理活动

---

❶ 中国农民征地拆迁维权中心．山东泗水13户农民告赢县政府，泗水县征收决定首次被确认违法［EB/OL］．http：//www.tdwq.net/ShowArticle.shtml？ID=20117232118487l304.htm.

❷ 新华社2011年5月18日《香河大规模违规“圈地”调查》报道、2011年5月23日中央电视台《新闻1+1》栏目《香河“圈地”一查到底!》报道。

❸ 被逾越的耕地红线：重庆永川土地违规事件调查［EB/OL］．http：//house.ifeng.com/dichan/shangye/tudi/detail_ 2010_ 05/12/1508881_ 1.shtml.

的成效有限。随着土地督察信息渠道不断完善、非政府组织职能不断增强、社会舆论工具不断丰富、农民法制意识和维权能力不断提高，非政府主体治理地方政府土地违法的成效也逐步提高。

4.2 地方政府土地违法治理主体的博弈关系

4.2.1 中央政府与地方政府的博弈关系

根据 4.1 节的分析，当前我国地方政府土地违法行为的治理主体以各级政府及其职能部门为主，中央政府对地方政府土地违法行为的监督和处罚力度是治理过程中的关键制衡力量。在既定的制度供给下，中央政府和地方政府之间存在委托代理的关系，中央政府是土地政策的制定者，地方政府是土地政策的具体实施者，中央政府制定出一定的规章和制度约束地方政府的土地管理行为，并对地方政府的土地违法行为进行监督和处罚。

为简化分析，本节基本假设如下：①将政府简化为中央政府和地方政府两级，因此，本博弈的参与者有两个：中央政府和地方政府。②中央政府和地方政府均是理性的“经济人”，追求各自效用的最大化。在地方政府土地违法行为的治理过程中，中央政府的纯战略集为“严加治理，疏于治理”，地方政府的纯战略集为“违法，守法”。③信息是完全的，中央政府和地方政府对彼此的效用函数、行动特征和行动规则能够做出准确判断。

在此博弈中，R 为地方政府通过土地违法行为获得的收益，可以分为政治收益和经济收益。政治收益包括招商引资、经济增长等带来的政绩提升；经济收益主要包括地区财政收入的增加和腐败、寻租等灰色收入。

λ 为中央政府严加治理的收益与地方政府土地违法收益的相关系

数，$\lambda>0$。

λR 为中央政府严加治理地方政府土地违法行为带来的收益，可以分为社会收益和经济收益。社会收益包括保障粮食安全、维护社会稳定、减少因农民上访带来的负面效应；经济收益包括减少低价出让土地和腐败寻租等土地违法行为带来的国民经济损失。

中央政府对地方政府土地违法行为严加治理的成本可分为监督成本和处罚成本。C_1 为中央政府在地方政府土地违法治理过程中的监督成本，主要包括监督过程中产生的信息成本、技术成本；C_2 为中央政府在地方政府土地违法治理过程中的处罚成本，主要包括处罚过程中的协调成本以及由于违法使用的土地不能恢复耕作功能造成的农民损失以及用地单位停工停产造成的社会损失。为简化分析，假定中央政府严加治理的成本为 C_1+C_2，疏于治理的成本为 0。

地方政府土地违法的成本可分为显性成本和隐性成本。C_3 为地方政府土地违法的显性成本，主要包括地方政府实施土地违法行为的直接成本和隐藏违法行为付出的成本。为简化分析，假设地方政府土地违法的显性成本为地方政府实施土地违法行为的直接成本，即给予农民的征地补偿费；C_4 为地方政府土地违法的隐性成本，即土地违法被查处后地方政府接受惩罚的成本，主要包括被查处的概率和惩罚强度、经济惩罚成本、精神成本和道德成本等。

假定中央政府疏于治理，地方政府守法时，双方的效用均为 0，以此为基准点来设置局中人的支付，可以得到中央政府与地方政府之间纯策略的博弈支付矩阵，如图 4-3 所示。

		地方政府：违法用地	地方政府：依法用地
中央政府	严加治理	$\lambda R-C_1-C_2$, $-C_3-C_4$	$-C_1-C_2$,0
	疏于治理	0, R	0,0

图 4-3　土地违法治理过程中地方政府与中央政府之间纯策略的博弈支付矩阵

在完全信息的情况下，由于中央政府对地方政府十分了解，会选择严加治理，从而产生 $\lambda R-C_1-C_2$ 的收益，同时产生 C_1+C_2 的成本，此时，地方政府的最优策略是守法。当地方政府守法时，中央政府为了减少成本，会选择疏于治理的策略。若地方政府知道中央政府的最优策略是疏于治理，又会产生土地违法行为，产生收益 R。因此，中央政府与地方政府之间不存在纯策略纳什均衡。

假定 p 为中央政府对地方政府的土地违法行为严加治理的概率，中央政府的混合策略为 σ_n（p，$1-p$）；q 为地方政府产生土地违法行为的概率，地方政府的混合策略为 σ_m（q，$1-q$），可以得到中央政府与地方政府之间混合策略的博弈支付矩阵（见图 4-4）。

		地方政府	
		违法用地（q）	依法用地($1-q$)
中央政府	严加治理（p）	$\lambda R-C_1-C_2, -C_3-C_4$	$-C_1-C_2, 0$
	疏于治理（$1-p$）	$0, R$	$0,0$

图 4-4 中央政府与地方政府之间混合策略的博弈支付矩阵

根据图 4-4，中央政府的期望效用函数为：

$$\begin{aligned}V_m(\sigma_m,\ \sigma_n) &= p[q(\lambda R - C_1 - C_2) + (1 - p)(- C_1 - C_2)]\\ &\quad + (1 - p)[q \times 0 + (1 - q) \times 0]\\ &= p[q(\lambda R - C_1 - C_2) + (1 - q)(- C_1 - C_2)]\end{aligned}$$

当 V_m（σ_m，σ_n）>0 时，中央政府的最优策略是严加治理；当 V_m（σ_m，σ_n）<0 时，中央政府的最优策略是疏于治理。因此，中央政府期望效用最大化的一阶条件为：

$$\partial V_m/\partial p = q(\lambda R - C_1 - C_2) + (1 - q)(- C_1 - C_2) = 0$$

即：$q^* =（C_1+C_2）/\lambda R$

对 λ 求导可得，$\partial q^*/\partial\lambda = -(C_1 + C_2)/\lambda R^2 < 0$，说明 q^* 与 λ 负相关。

当 $q>q^*$ 时，V_m（σ_m，σ_n）>0，中央政府的最优选择是严加治理；

当$q<q^*$时，V_m（σ_m，σ_n）<0，中央政府将选择疏于治理；当$q=q^*$时，中央政府对地方政府土地违法行为的治理力度不确定。

地方政府的期望效用函数为：

$$V_m(\sigma_m, \sigma_n) = q[p \times (-C_3 - C_4) + (1-p) \times R] + (1-q)[p \times 0 + (1-p) \times 0]$$
$$= q[p \times (-C_3 - C_4) + (1-p) \times R]$$

当V_n（σ_m，σ_n）>0时，地方政府将会产生土地违法行为；当V_n（σ_m，σ_n）<0时，地方政府的最优策略是守法。因此，地方政府是否产生土地违法行为的最优条件为：

$$\partial V_n/\partial p = p \times (-C_3 - C_4) + (1-p) \times R = 0$$

即：$p^*=R/(R+C_3+C_4)$

当$p<p^*$时，V_n（σ_m，σ_n）>0，地方政府将会产生土地违法行为；当$p>p^*$时，V_n（σ_m，σ_n）<0，地方政府的最优选择是守法；当$p=p^*$时，地方政府的土地违法行为具有不确定性。

因此，中央政府与地方政府在土地违法治理过程中混合战略纳什均衡的概率为（p^*，q^*），$p^*=R/(R+C_3+C_4)$，$q^*=(C_1+C_2)/\lambda R$。中央政府对地方政府的土地违法行为严加治理的概率为$R/(R+C_3+C_4)$；地方政府在$(C_1+C_2)/\lambda R$的概率上会产生土地违法行为。根据地方政府土地违法行为的均衡概率，提高中央政府严加治理的收益，减少其监督和处罚成本，会减少地方政府土地违法的可能性。

中央政府与地方政府之间的静态博弈结果说明监督和处罚成本降低，治理收益提高时，中央政府对地方政府土地违法行为的治理力度会加强。通过媒体曝光、维权、上访等活动，社会媒体、非政府组织和农民等非政府主体引起中央政府的重视和关注，能够给中央政府施加压力，既能扩宽监督渠道，降低中央政府的治理成本，又能提高中央政府的治理收益。因此，非政府治理主体是地方政府土地违法治理中的重要因素。

4.2.2 中央政府、地方政府与非政府主体的三方博弈

本节通过构建地方政府土地违法治理的三方博弈模型，进一步厘

清治理过程中中央政府、地方政府和非政府监督主体之间的关系。

为简化分析，本节假设如下：①将政府简化为中央政府和地方政府两级，地方政府只有一级。②中央政府、地方政府和非政府监督主体三方均为理性经济人，若中央政府对地方政府的土地违法行为疏于治理，地方政府将产生土地违法行为，若非政府主体不对地方政府的土地违法行为进行监督，中央政府将不会有压力进行严加治理。③在非政府主体参与治理、进行监督的情况下，中央政府严加治理时产生的社会收益即为非政府主体的收益，严加治理的成本在非政府主体的收益中扣除。④地方政府土地违法行为的成本仅包括处罚成本，实施和隐藏成本忽略不计。当非政府主体不参与监督、中央政府疏于治理、土地违法行为未被查出或被查出但不严惩时，地方政府的违法成本为0。⑤地方政府土地违法行为的处罚成本高于收益。

在地方政府土地违法治理的四方博弈中，P_v 为地方政府产生土地违法行为的概率，$0<P_v<1$；P_a 为中央政府对地方政府的土地违法行为严加治理并查出地方政府土地违法行为的概率，$0<P_a<1$；P_b 为非政府主体参与监督地方政府的土地违法行为的概率，即非政府主体参与治理的概率，$0<P_b<1$；P_c 为中央政府对地方政府的土地违法行为严加治理的概率，$0<P_c<1$。

r 为地方政府的土地违法程度。$0\leqslant r\leqslant 1$，r 越大，地方政府的土地违法越严重；反之，亦然。

$R(r)$ 为地方政府土地违法的收益，令 $R(r)=\frac{1}{2}fr^2$，其中 f 为常数且 $f>0$。

$C_1(r)$ 为地方政府土地违法的成本，即地方政府的土地违法行为被查处所受到的惩罚。令 $C_1(r)=\frac{1}{2}gr^2$，其中 $g>b$，表明地方政府的土地违法行为被查处后受到的惩罚高于土地违法获得的收益。g 为对地方政府土地违法行为的惩罚力度，g 越大，地方政府违法用地被查处所受到的惩罚越大，地方政府违法用地的成本越高；反之，亦然。

C_2（r）为中央政府对地方政府土地违法行为严加治理的成本。令 C_2（r）$=\frac{1}{2}kr^2$，其中 k 为中央政府对地方政府土地违法行为的治理力度，k 越大，中央政府的治理力度越大，治理成本越高；反之，亦然。

C_3（r）为非政府主体对地方政府土地违法行为监督的成本。令 C_3（s）$=\frac{1}{2}ms^2$，其中 m 为常数且 $m>0$。s 为非政府主体在地方政府土地违法治理过程中参与监督的力度，s 越大，非政府主体参与监督的力度越大，监督成本越高；反之，亦然。

地方政府土地违法治理过程中中央政府、地方政府和非政府主体之间的博弈可分为四阶段的动态博弈，如图 4–5 所示。

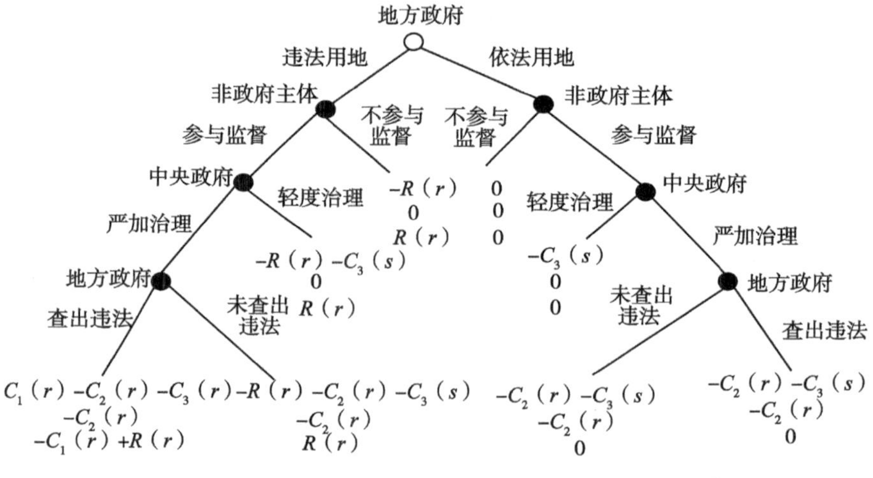

图 4–5　地方政府土地违法治理过程中的三方博弈模型

阶段一：地方政府在既定的制度供给下，决定是否产生土地违法行为，以使自身效用最大化；阶段二：非政府主体根据地方政府的行为决定是否参与监督，以给中央政府施加压力；阶段三：中央政府根据非政府主体造成的社会压力决定是否对地方政府的土地违法行为严加治理；阶段四：地方政府根据中央政府的治理力度决定自身的行动选择，土地违法行为的收益与风险并存。

对该博弈模型进行求解。

（1）当地方政府产生土地违法行为的概率为 P_v 时，非政府主体参与监督和不参与监督的预期收益分别为 U_1 和 U_2：

$$U_1 = P_v\{P_c[p_a(C_1(r) - C_2(r) - C_3(s)) + (1 - P_a)(-R(r) - C_2(r) - C_3(s))] + (1 - P_c)(-R(r) - C_3(s))\} + (1 - P_v)\{P_c[P_a(-C_2(r) - C_3(s)) + (1 - P_a)(-C_2(r) - C_3(s))] + (1 - P_c)(-C_3(s))\}$$

$$= P_v\left[\frac{1}{2}P_aP_c(g - f)r^2 + (fr^2 - \frac{1}{2}ms^2)P_c + \frac{1}{2}(fr^2 + \frac{1}{2}ms^2)\right] + (1 - P_v)\left(-\frac{1}{2}p_Ckr^2 - \frac{1}{2}ms^2\right)$$

$$= \frac{1}{2}P_vP_aP_c(g + f)r^2 - \frac{1}{2}P_vfr^2 - \frac{1}{2}P_ckr^2 - \frac{1}{2}ms^2$$

$$U_2 = p_v\left(-\frac{1}{2}fr^2\right) + (1 - P_v) \times 0 = P_v\left(-\frac{1}{2}fr^2\right)$$

当非政府主体是否参与监督对其预期收益没有差异时，可以得到地方政府产生土地违法行为的最优概率 P_v^*。

令 $U_1=U_2$，可以得到 $P_v^* = \frac{P_ckr^2+ms^2}{P_aP_c(g+f)r^2} = \frac{k}{P_a(g+f)} + \frac{ms^2}{P_aP_c(g+f)r^2}$。

（2）当地方政府产生土地违法行为的概率为 P_v 时，在非政府主体参与监督和不参与监督的情况下中央政府对地方政府土地违法行为严加治理的预期收益分别为：

$$U_3 = P_v\{P_c[P_a(-C_2(r)) + (1 - P_a)(-C_2(r))] + (1 + P_c) \times 0\} + (1 - P_v)\{P_c[P_a(-C_2(r)) + (1 - P_a)(-C_2(r))] + (1 - P_c) \times 0\}$$

$$= -\frac{1}{2}kr^2P_c$$

$$U_4 = P_v \times 0 + C_1 - P_v \times 0 = 0$$

无论非政府主体是否参与监督，中央政府对地方政府土地违法严加治理的成本收益没有差异。

令 $U_3=U_4$，可以得到 $-\frac{1}{2}kr^2P_c=0$。

（3）当非政府主体参与监督的概率为 P_b，中央政府严加治理的概率为 P_c 时，地方政府违法用地或依法用地的预期收益分别为：

$$U_5 = P_b\{P_c[P_a(-C_1(r)+R(r))+(1-P_a)R(r)]+(1-P_c)R(r)\}+(1-P_b)R(r)$$
$$=-\frac{1}{2}gr^2P_aP_bP_c+\frac{1}{2}fr^2$$

$$U_6 = P_b\{P_c[P_a\times 0+(1-P_a)\times 0]+(1-P_c)\times 0\}+(1-P_b)\times 0=0$$

当地方政府违法用地或依法用地对其预期收益没有差异时，可以得到非政府主体参与监督的最优概率 P_b^* 和中央政府对地方政府土地违法行为严加治理的最优概率 P_c^*。

令 $U_5=U_6$，可以得到 $P_b^*=\frac{f}{gP_aP_c}$，$P_c^*=\frac{f}{gP_aP_b}$。

因此，该模型的混合策略纳什均衡为：$\left(P_v^*=\frac{P_ckr^2+ms^2}{P_cP_a\ (g+f)\ r^2},\right.$ $\left.P_b^*=\frac{f}{gP_aP_c},\ P_c^*=\frac{f}{gP_bP_a}\right)$。

上述均衡结果表明：

（1）地方政府将以最优概率 P_v^* 选择是否产生土地违法行为。当地方政府以 $P_v>P_v^*$ 的概率产生土地违法行为时，中央政府的最优策略是严加治理；当地方政府以 $P_v<P_v^*$ 的概率产生土地违法行为时，中央政府的最优策略是疏于治理；当地方政府以 $P_v=P_v^*$ 的概率产生土地违法行为时，中央政府的最优策略是随机地选择严加治理或疏于治理。

（2）地方政府产生土地违法行为的最优概率为 $P_v^*=\frac{k}{P_a\ (g+f)}+\frac{ms^2}{P_aP_c\ (g+f)\ r^2}$。其中，$P_v^*$ 与 P_a 成反比，说明当中央政府对地方政府的土地违法行为严加治理，并提高查处概率时，土地违法风险增加，从而减少地方政府的土地违法行为。P_v^* 与 P_c 成反比，说明随着中央政府对地方政府土地违法行为治理力度的加大，即使没有查出土地违法行为，也能增加严加治理的威慑力，从而减少地方政府的土地违法行为。P_v^* 与 r 成负相关，说明地方政府土地违法程度越严重，造成的社会危害和对农民权益的损害越大。因此，非政府主体会增加监督的力度，中央政府也会加大治理力度，反过来对地方政府土地违法行为起到抑制作用。P_v^* 与 g 成负相关，说明当中央政府提高对地方政府土地违法行为的惩罚力度时，会使土地违法成本提高，从而可能遏制地方政府的土地违法行为。P_v^* 与 k 和 s 成正相关，说明当中央政府的严加治理成本和农民监督维权的力度和成本增加时，作为理性经济人的中央政府和非政府主体权衡利弊，可能会减小治理力度和监督力度，从而增加地方政府的土地违法行为发生的可能性。

（3）地方政府土地违法行为的治理过程中，非政府主体参与监督维权的最优概率 $P_b^* = \frac{f}{gP_aP_c}$。其中，$P_b^*$ 与 P_a 成反比，说明当中央政府对地方政府土地违法行为严加治理，并提高查处概率时，地方政府的土地违法行为减少，非政府主体利益受损情况减少，监督动力也相应减少，从而使非政府主体参与监督的概率减小。P_b^* 与 P_c 成反比，说明当中央政府加大治理力度时，地方政府土地违法行为将会减少，从而使非政府主体降低参与监督的概率。P_b^* 与 g 成负相关，说明当中央政府加大惩罚力度时，可能在一定程度上减少地方政府土地违法行为，从而使非政府主体参与监督的概率减小。

（4）中央政府对地方政府土地违法行为严加治理的最优概率为 $P_c^* = \frac{f}{gP_aP_b}$。其中，$P_c^*$ 与 P_a 成反比，说明当中央政府对地方政府土地违法行为严加治理，并提高查处概率时，地方政府土地违法行为减少，从而使中央政府严加治理的概率减小。P_c^* 与 P_b 成反比，说明当非政府主体对地方政府土地违法行为监督的概率减小时，中央政府严加治理的社会压力减小，从而使中央政府严加治理的概率减小。P_c^* 与 P_b 成负相关，说明当中央政府加大惩罚力度时，可能会抑制地方政府土地违法行为，从而使中央政府严加治理的概率减小。

4.3 地方政府土地违法治理主体的结构及优化

4.3.1 地方政府土地违法行为治理主体的结构

只有各治理主体各司其职，才能形成有效的治理结构，加强对地方政府公共权力的约束，从而遏制地方政府的土地违法行为。然而，目前地方政府土地违法治理结构以政府内部治理为主，治理主体较为单一，政府在治理结构中处于核心位置，且与其他治理主体间存在管理与被管理的关系，缺乏互动合作；治理结构中虽存在外部监督，但往往流于形式，非政府组织发育缓慢，公众参与治理意识淡薄，参与渠道匮乏，难以体现和发挥非政府主体的地位和作用；政府内部的治理主体也存在权责不对等的情况。

地方政府土地违法行为治理主体的结构缺陷具体体现为以下方面。

（1）政府治理与社会治理失衡

根据 280 例地方政府土地违法治理案例统计分析，当前我国地方政府土地违法的治理主体以中央政府为主，由中央政府、省级政府、市、县级政府主导治理的比重分别为 59%、16% 和 22%。非政府组织、社会舆论和个人等非政府主体参与比重最小，仅占 3%（见图 4-6）。政府治理与社会治理失衡，社会治理薄弱。

以政府治理为主的治理主体结构以权力约束权力，通过上级政府的行政权力有效纠正下级政府的土地违法行为，在法制性和规范性方面具有明显优势，但政府与社会治理的结构失衡造成政府治理成本较高，且在治理完全性、主动性和透明性方面存在缺失，主要表现为以下几点：

第一，政府治理成本高。政府治理一般以行政垂直督察的形式展

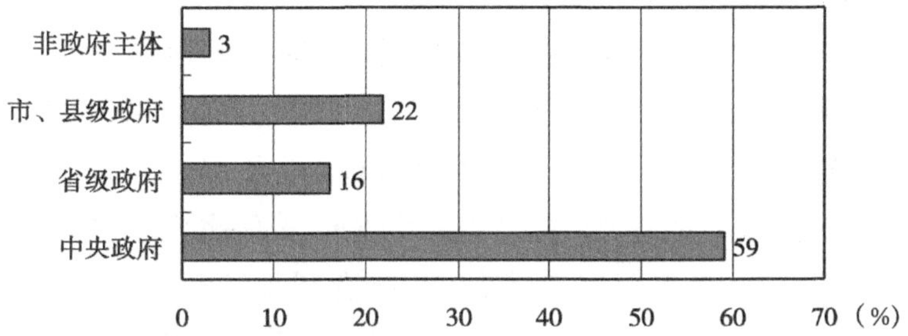

图 4-6 地方政府土地违法行为的治理主体结构

开，信息传递涉及部门众多、层级复杂，造成督察和沟通的工作量大、成本高。在中央政府主导的治理过程中，治理指令需从中央政府下达至土地督察局或省、直辖市政府，再由土地督察局或省、市级政府下达市、县级政府，后续的调查跟踪、信息反馈和约谈问责等同样需花费大量成本。

第二，治理主动性和完全性不足。省级政府、市县级政府在治理过程中较为被动，多在上级政府督察压力下才开展治理工作，造成各级地方政府根据督察压力确定治理力度，政府部门间相互推诿责任，部门间协调效率较低、治理信息沟通不够等问题。另外，政府治理往往流于形式，以罚款代替处分，治理完全性不足。

第三，治理透明性缺失。地方政府土地违法的政府治理属于系统内治理。法国思想家孟德斯鸠曾提到，要防止权力被滥用，必须加强监督以约束权力，不仅需要内部监督，更需要外部监督。然而，在多数的政府治理案例中，治理信息主要以内部报告或通报的形式传递，即使公布也大多略去细节，使治理过程的透明度大大降低，造成社会对治理活动不够了解，使公众参与监督的积极性减少。

（2）政府治理主体结构与权力结构不对称

在治理主体结构中，中央政府的土地督察制度法律依据不足，效力受限，与其治理重要地位不符；省级政府参与治理比重较小，与其权力不对称；省级和市、县级政府土地管理部门强制执行力缺失，与治理主体结构不对称。治理主体结构与权力结构不对称造成治理主体作用流失和治理成效受制约等问题。主要表现为以下几点：

第一，治理主体作用流失。我国现行土地管理制度中，各级地方政府仅有省级政府依法行使部分建设用地审批、部分城市的土地利用总体规划方案审批权、部分土地征收审批权以及部分农地转用审批权等。对于地方政府土地违法治理，省级政府享有比市、县级政府更完整的治理权力。但现实情况是省级政府治理地方政府土地违法仅占16%，甚至低于市、县级政府，未对下级政府调整规划、征地和批地行为严格把关，治理主体作用明显流失。

第二，治理成效受制约。治理主体结构与权力结构不对称造成中央政府、省级政府等主体在治理地方政府土地违法时治理能力受制。省级政府治理主体作用流失制约地方政府土地违法治理成效。另外，地（市）、县（市）级地方政府在土地违法治理中存在双重身份特性，在多数治理案例中既是违法者，又是治理者。地、县级地方政府治理虽然在治理执行效率方面具备明显优势，但双重身份使得治理过程中容易产生违法获利与治理获利之间的利益权衡，制约治理成效。

第三，基层国土部门治理能力不足。目前中央对国土资源实行省以下垂直管理，将市、县和乡的土地审批权力上收，并由省级土地部门垂直任命基层土地部门负责人，能在一定程度上抑制基层政府的违法批地行为。但是，一方面基层国土部门在财政资金上对地方政府存在依赖，地方财政拨款是基层土地管理机构经费来源的主要渠道；另一方面基层国土部门人员在政治晋升上受行政领导关系掣肘，地方政府对基层国土部门人员的政治晋升虽不具有提名权，但具有否决权。因此，基层国土部门对地方政府土地违法行为的监管和制约乏力，往往“雷声大，雨点小”，即使存在意见相左的情况，也很难改变地方政府的决定。[1]

---

[1] 山东省单县政府与某房地产公司签订协议，约定将约60公顷土地出让给该公司用于房地产开发。随后，该县委副书记组织召开专题会议，研究决定将尚未办理农用地转用及征收手续的22公顷集体土地与40公顷国有建设用地一并挂牌出让用于非农业建设。单县国土资源局局长在会议上提出反对意见，但未能改变集体决策。

4.3.2 优化治理主体结构的对策建议

（1）实现治理主体多元化

地方政府土地违法不仅是行政违法问题，更是特定环境下复杂的社会问题，有深刻的制度、经济、文化等根源。地方政府土地违法涉及面广，相关利益方众多，其治理需要政府主体、非政府主体广泛参与，形成多元化的治理主体结构。2006 年国家土地督察制度建立以来，一方面地方政府土地违法治理力度逐年加大；另一方面地方政府土地违法行为更加隐蔽和复杂。面对新形势，坚持治理主体多元化需从探索新形式的治理主体、发挥各治理主体优势禀赋等方面着手。

第一，探索新形式的治理主体。依据地方政府土地违法治理主体的属性，探索包括新的政府治理主体及非政府治理主体，以新形式主体丰富和完善地方政府土地违法治理体系。新的政府治理主体建设依赖于对各级政府治理主体特征和关系的系统分析，并在治理实践中形成新的主体形式。当前治理形势下，建立省级政府权责一体的土地督察机构、创新基层土地监管主体是治理主体创新的两个重要方向。[1]

第二，发挥各治理主体优势禀赋。地方政府土地违法多元化治理应在各主体权责相符、合理分工和协作基础上，充分发挥各主体优势禀赋。

中央政府在治理过程中最重要的作用是发挥统筹调控的职能。推动完善土地管理制度及地方政府土地违法治理立法，完善部门联动的督察机制，协调中央与地方的土地管理权限分配是发挥其治理主体优势禀赋的基本目标。

省级政府具备较好的土地管理权力基础，充分发挥其治理主体作用，提高在建设用地审批、土地督察、土地利用总体规划方面的监管

---

[1] 天津蓟县土地管理部门设立农村土地监察信息员岗位，构建土地监察信息网络；湖北省仙桃市、潜江市等地国土系统以预防为主，聘请村级土地协管员，延长监管触觉，构筑县、镇、村三级巡查监管网络，在监管的同时宣传和普及土地法规；山东青岛平度市、莱西市成立国土资源派出所，实行双重管理、双重职责管理，行政上隶属于公安局，业务上接受国土局领导。

作用是发挥省级政府优势禀赋的基本目标。

市、县级政府治理主体作用的发挥受其违法与治理双重身份的制约。克服双重身份的有效途径是改革土地财政制度、完善土地行政考核制度，形成权责一致的权力结构。此外，加强事前问责与过程监督是提高市、县级政府治理效率的有效方法。

非政府组织、社会舆论和个人等非政府主体并不能直接治理地方政府的土地违法行为，但能够通过监督、曝光等活动丰富监督渠道，提高违法治理信息披露透明度，又能通过上访、举报等形式向政府治理主体施加社会舆论压力，实现参与治理的目的。发挥非政府主体监督作用的关键在于提高其治理能力，完善监督渠道。

第三，加大社会治理力度。非政府主体参与治理的优势是能够发挥公众力量，开展更广泛、及时的监督，通过对监督信息的传递和治理过程的跟踪，提高治理过程的透明度，促进政府治理。加大社会治理力度应从两方面着手：

一是提高农民依法维护土地权益能力。农民是非政府主体中监督地方政府土地违法的重要力量，提高农民依法维护土地权益能力一方面依赖于土地立法，加强农民维护土地权益的法律依据；另一方面依赖于提高农民法律意识，并在土地行政活动中提高农民参与度。另外，还应通过加大宣传等手段充分调动农民参与监督的积极性。

二是拓展非政府组织和社会舆论参与治理的空间。非政府组织和社会舆论在监督治理过程中发挥重要的推动作用，是弥补政府治理主体缺陷的重要力量。提高非政府组织、社会舆论监督治理能力的主要途径包括立法赋权、提高法律维权意识、宣传治理成效与经验等。然而，非政府组织和社会舆论客观存在一些缺乏法制规范的行为，会影响监督效果。[1] 因此，还应通过完善相关制度规范其治理行为。

第四，增强主动治理意识。应从以下三个方面增强各主体的主动治理意识。

---

[1] 目前互联网上普遍存在的言论失范，对于社会治理活动有明显制约。

一是完善相关规章制度，进一步明确治理主体的治理权力、治理依据和治理目标。当前我国土地督察制度的最高依据仍然是国务院2004年10月出台的《关于深化改革严格土地管理的决定》，其主要职责主要由国务院办公厅《关于建立国家土督察制度的有关问题的通知》规定。规定土地督察职责的法律文件效力等级不高，明显与土地督察在国家管理中的重要地位不相称。因此，完善治理权力相关法规、制度依据应首先提高土地督察制度的法律效力。除通过中央立法增强法律依据外，还需省级政府及其土地管理部门积极推进有关土地执法监察的地方性立法，健全督察制度。

二是确立治理主体土地管理效能考核机制。当前我国依法依规用地管理尚未实质性纳入地方领导干部政绩考核体系。为提高地方政府的主动治理，须将土地行政绩效纳入考核指标体系，严格追究涉及土地违法地方政府主要责任领导人的责任，提高其违法成本，体现执法监察工作对国家和民众利益的维护。

三是丰富对治理主体的有效监督形式。地方政府土地违法的治理对象被有效监督是治理的基本条件，治理主体被有效监督则是实现治理成效的关键。丰富对治理主体的监督形式将显著提高治理主动性，在土地督察机构、非政府组织及个人等多种主体的监督下，治理主体将具有更高的积极性。丰富有效监督形式首先要进一步完善人大代表的民主形式、完善人大监督形式。其次要推动有效问责体制的形成，实现由事前权责明晰和事后责任追究组成的问责体制。

（2）调整治理主体权力结构关系

政府主体的治理目标是保护合法土地权益，促进土地资源保护和合理开发，维护依法行政，规范土地资源管理，提高政府土地行政效率。由于各级政府权责差异，不同级别政府主体的治理目标各有侧重。治理过程中，中央政府主要侧重于土地资源保护和规范土地行政管理，省级政府主要侧重于规范土地行政管理，市、县级政府治理则主要侧重于促进土地资源的合理开发，促进地方经济发展和社会稳定。各治理主体治理目标由机构职能所决定，属公共目标范畴。进行治理主体结构优化时须加强各主体间的目标联系，强化共同公共目标下的联合治理，如组织联合治理活动等。

农民参与治理的主要目标是维护自身土地权益，属个体目标。非政府组织、社会舆论参与治理既有公共目标也有个体目标：公共目标主要是维护社会法制和保护土地资源，个体目标则是保障个体土地权益。进行治理主体结构优化时须协调个人目标与公共目标的关系，在保障公共利益的前提下充分照顾个人权益的实现，治理活动开展不以牺牲个人合法权益达成公共目标。

公共治理目标的统一及其与个体治理目标的关系如图 4-7 所示。

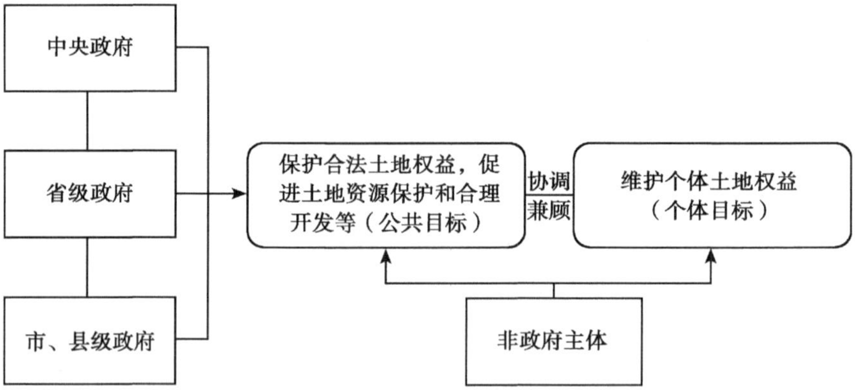

图 4-7　公共治理目标的统一及其与个体治理目标的关系

在加强治理主体目标联系的基础上，调整治理主体权力结构关系能够优化地方政府土地违法治理主体的结构关系。

治理结构的权力重心在上有利于加强查处力度并对地方政府形成更大震慑力，如由中央政府的国家土地督察机构或国土资源部主导治理。督察权力重心在下有利于及时发现、跟踪和查处地方政府土地违法，如由省级政府治理和市、县级政府主导治理。当前我国地方政府土地违法的公共治理权力主要集中在中央政府的国土资源部及其土地督察机构，督察权力重心较高（见图 4-8），具备较强查处力度和违法震慑力，但较高的公共治理权力重心使治理的及时性和效率受到限制。

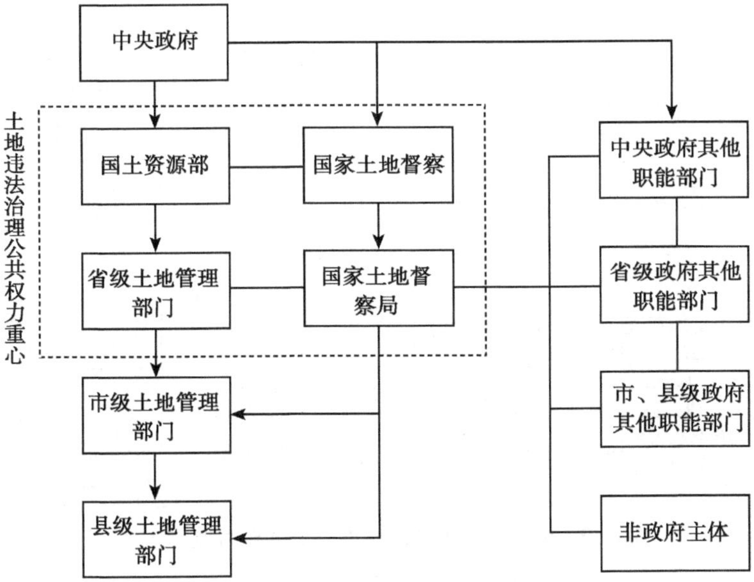

图 4-8 地方政府土地违法治理公共权力重心

公共治理权力结构优化方向是适当下移治理权力重心。权力中心下移途径包括：进一步完善地方督察专设机构，设立土地督察分局；适当下放部分土地违法治理权力至省级政府和市级政府（见图4-9），明确地方政府土地权责，提高地方政府在土地督察体系中的作用。

从治理的公共权力组织方式来看，垂直督察有利于保障督察的有效执行，平行督察则能够提高督察的效率和完全性。当前我国土地督察机构以垂直督察为主，在土地督察执行上有较好保障。但督察权力中平行监督较少，部门协调合作相对薄弱。优化方向是既完善国土管理部门垂直督察制度，又加强政府治理主体部门之间的监督和非政府监督等形式的横向监督。

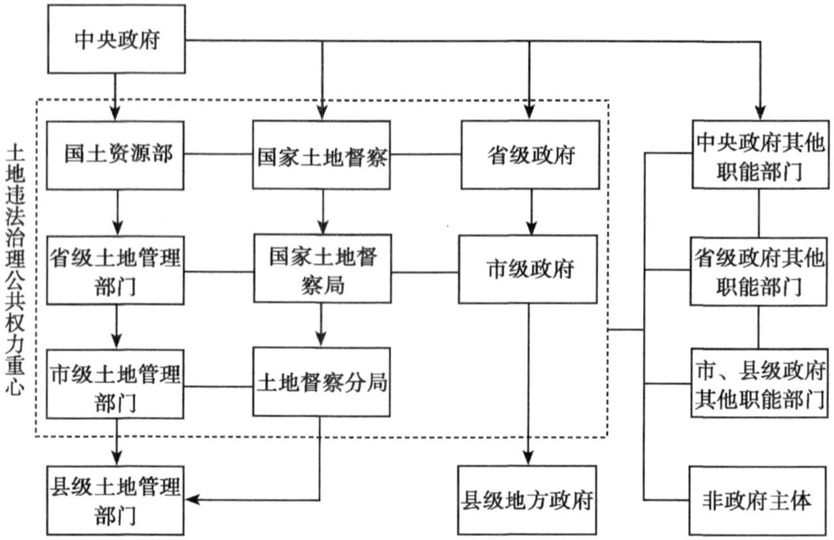

图 4-9　地方政府土地违法治理公共权力重心优化

4.4　本章小结

本章首先归纳了我国地方政府土地违法的治理主体类型，包括中央政府、省级政府、市、县级政府及其组成部门和非政府主体等，并结合案例分析各治理主体在治理形式、治理效率和治理透明度等方面的特征。

其次，分析主要治理主体间的博弈关系。地方政府土地违法行为主要治理主体的博弈结果表明：地方政府冒着被查处和惩罚的风险追求土地违法的收益，给中央政府和非政府主体造成损失，也带来相应的治理成本。在不同的监督力度、查处力度和惩罚力度下，各方均存在最优的行动策略。要实现地方政府土地违法行为的有效治理，中央政府既需要加大对地方政府土地违法行为的监督力度、查处力度和惩罚力度，以形成较大威慑；另外，非政府组织、社会舆论和农民等非政府主体参与监督也十分必要，既能扩宽监督渠道，降低中央政府的治理成本，也能给中央政府施以压力，敦促其严加治理。

最后，在分析地方政府土地违法治理主体结构的基础上，提出优化地方政府土地违法治理主体结构的建议。目前地方政府土地违法治理主体的结构以政府内部治理为主，治理主体较为单一，政府在治理结构中处于核心位置，且与其他治理主体间存在管理与被管理的关系，缺乏互动合作；政府内部的治理主体也存在权责不对等的情况。通过探索新形式的治理主体、发挥各治理主体的优势禀赋、加大非政府主体参与监督的力度、增强治理主体主动治理意识等措施实现治理主体多元化；通过加强治理主体的目标联系、调整治理主体的权力结构关系，形成治理主体间的有效协作。

5

FANG ZHENGFU TUDI WEIFA XINGWEI DE ZHILI DUIXIANG

地方政府土地违法行为的治理对象

地方政府土地违法行为的治理对象是所有治理活动的受体，有效识别治理对象有利于制定有针对性的治理措施，发挥治理成效。综观官方公开报道的诸多地方政府土地违法案件，地方政府土地违法行为的治理对象主要包括地方政府的违法征地、违法批地、低价出让土地和其他土地违法行为，如图 5-1 所示。

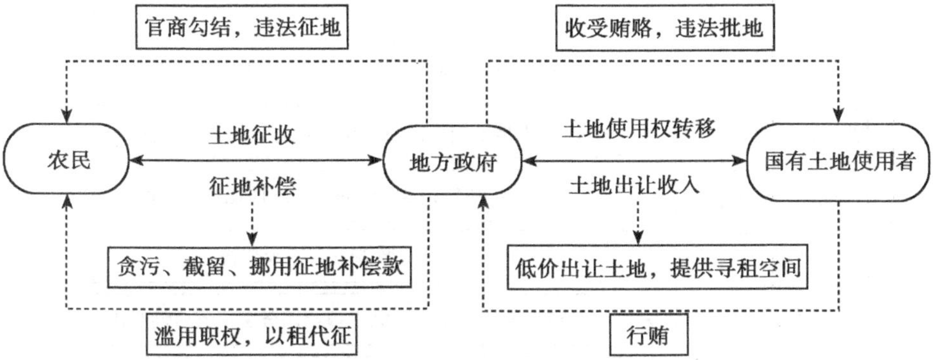

图 5-1 地方政府土地违法行为的治理对象

本章首先通过典型案例和实地调研总结地方政府土地违法治理对象的组成及特征，然后采用微观调研数据，构建基于贝叶斯估计的结构方程模型并进行实证检验，剖析当前地方政府土地违法治理对象的行为动机。

5.1 地方政府土地违法治理对象的组成

5.1.1 违法征地

中央以耕地保护为目标的一系列土地利用和管理政策需依靠最严格的用地审批制度来保障。依据相关法律法规，我国土地征收的程序为：征地预公告—征地调查及确认—征地补偿安置方案—征地补偿听证—征地补偿安置实施，如图 5-2 所示。但实践中，地方政府违法征地行为大量发生，使法律的严肃性受损，导致耕地大量流失，还埋下失地农民与政府间发生土地冲突的隐患。据信访资料显示，违法征地导致的信访在国土资源信访中占绝大部分比例，其中土地未报即用、边报边用、征地补偿安置落实不到位等现象非常严重。

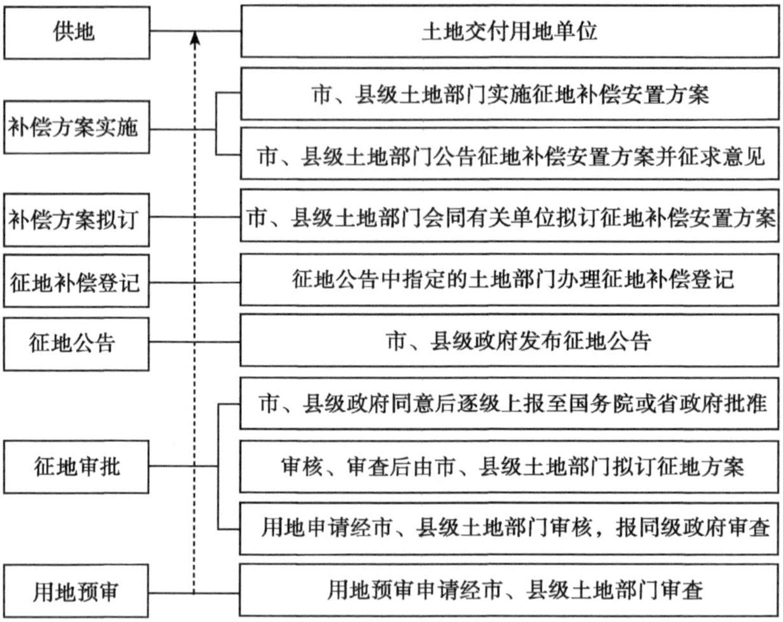

图 5-2　我国现行土地征收及补偿程序

地方政府的违法征地行为主要包括违反法律规定程序征地、违反法律规定权限征地以及在征地过程中侵占、挪用征地补偿费和其他有关费用等违法违规行为。

（1）违反法律规定程序征地

我国土地征收的流程较长，经历的审批环节较多。地方政府未批先用，未经听证程序而批准补偿安置方案，不按照法定程序公告补偿协议，征地后不办理所有权与使用权变更手续等违反法律规定程序批地的行为十分普遍，其中“未批先用”的问题最为突出。在东北三省一市打击土地违法的“百日行动”中，“未批先用”的违规违法案件 1 063 件，涉及土地面积 7 523 公顷，分别占总件数的七成和总涉案土

地面积的九成。❶

自上而下的层层审批确实存在周期长、效率低的问题，地方政府为保证获得国家和省级批准的基础设施建设能够及时动工，也考虑到地区的整体和长远发展，往往将重点项目的用地预审意见等同于用地的批复文件，允许国家和省级重点建设工程“未批先用”，对占用耕地“先占后补”，造成国家和省级重点工程项目违法用地十分突出。据统计，2010 年开展的土地卫片执法检查发现国家和省级重点工程项目违法用地 22 027 公顷，其中耕地 10 013 公顷，分别占全国违法用地面积和违法占用耕地面积的 45.05% 和 54.72%。交通运输项目违法用地面积 22 620 公顷，其中耕地 10 413 公顷，分别占全国违法用地面积和违法占用耕地面积的 46.27% 和 56.89%，主要集中在公路、铁路两个行业。❷

地方政府因重点工程项目“未批先用”的违法案件大多符合土地利用总体规划或供地政策，查处后处罚力度较轻，最终也能补办手续。而有些地方政府“未批先用”的行为占用耕地，乃至基本农田，且不符合土地利用总体规划，严重冲击土地管理制度，还可能引发失地农民上访或群体性事件，造成社会紊乱。广东省清新县违法征地案就是一起未批即用的案件。❸ 广东省清新县政府决定在禾云、龙颈、飞来峡 3 个镇设立云龙、云来两个产业基地，在没有依法办理用地审批手续的情况下，县政府授意镇政府违法征地 1 529 公顷，损毁基本农田 79 公顷，造成极大的负面社会影响。

除此之外，地方政府在土地征收时不进行征地预公告、征地公告和征地补偿及安置方案公告的情况也屡见不鲜。各地的违法程度各不相同，有些根本不进行任何公告；有些弄虚作假，例如在一个封闭场

---

❶ 国家土地督察沈阳局“东北地区‘未批先用’违规违法问题研究报告”［R］. 2008-03-01.

❷ 2011 年国家土地督察公告［R］.

❸ 广东清新两基地非法征地两万多亩 11 人或被追责［EB/OL］. http: //news.xinhuanet.com/local/2010-05/04/c_ 1271705.htm, 2010-05-04.

所的墙上张贴，被征地人根本不可能看到；还有的在被征地区域的一个偏僻角落进行张贴，且张贴的时间短暂仓促，被征地人很难知晓。

（2）违反法律规定权限征地

地方政府的征地审批权限不断收紧，❶ 土地开发的动力却有增无减，导致地方政府规避审批权或越权征地等土地违法行为十分普遍。依据有关法律规定，只有国务院、省级政府具有土地征收和农用地转为建设用地的审批权，市、县级政府仅在已批准的农用地转用范围内享有具体建设项目用地批准权。《关于进一步做好征地管理工作的通知》则对市、县级人民政府作为征地组织和实施主体的职责做出明确规定。但地方政府从局部和眼前利益出发，频频采用“化整为零”“下放审批权”“分级限额审批”“特事特办”“一事一议”和“越权审批”等做法，严重危害国家利益和土地资源的合理利用。例如，陕西省为实施比亚迪扩建项目，同意户县政府申请调剂的建设用地指标330公顷，其中基本农田297公顷，远超过省级政府的审批权限。❷

（3）侵占、挪用征地补偿费和其他有关费用

《土地管理法实施条例》规定，征用土地的各项费用应当自征地补偿、安置方案批准之日起3个月内全额支付。然而，地方政府为发展当地经济、建设“形象工程”，极力争取基础设施建设项目，并通过优惠条件进行招商引资，造成地方政府财政压力。为缓解这种压力，地方政府压低农民的征地补偿标准，拖欠、侵占、挪用、截留征地补偿安置款的现象非常普遍。据国家审计署发布的《34个高等级公路项目建设管理及投资效益情况的审计结果》，湖北、湖南、四川、云南等14省（区）共21个项目应支付征地补偿费51.70亿元，其中16.39亿

---

❶ 地方政府土地征收审批权的收紧主要体现在：第一，基本农田的征收权上收至国务院。征收基本农田、基本农田以外的耕地超过35公顷的、其他土地超过70公顷的由国务院批准。第二，地方政府土地征收的审批权限不断缩小。第三，取消省级以下地方政府的征地审批权限，土地征收仅由国务院和省级政府两级审批。

❷ 陕西省政府因比亚迪违法占4000亩农田作检查［EB/OL］. http://news.163.com/10/1013/11/6ISDRR1P00014JB6.html，2010-10-13.

元被当地政府及征地拆迁部门挪用、截留、长期拖欠或扣减。

地方政府的征地补偿安置落实不到位，严重侵害被征地农民合法权益。例如，山西省广灵县以 33 000 元/亩的价格征收壶泉镇东台村、惠花村 350 多户的耕地 3 700 多亩，远低于市场价。被征地农民对此表示不满，拒绝签协议，遭到“强权黑手”的报复，当地农民敢怒不敢言。❶ 被征地农民与地方政府冲突不断，对社会稳定造成重大的负面影响。例如，平临高速所占耕地包括河南省平顶山市新城区北渡镇附近耕地。政府截留征地款且补偿款分布不均，湛河区北渡镇村民 126 800 元/亩，而新城区朱砂洞、阎柴庄和井营村村民每亩只领到 9 600 元和 7 700 元。村民多次上访，但都被相关部门以“等待调查”为由予以推托，最终导致村民联合围堵高速路口抗议的群体性事件。❷

5.1.2 违法批地

地方政府的违法批地行为主要体现为无权或越权批地、突破规划设立和扩大开发区、违反规定出让方式和土地供应政策批地和“以租代征”批地等违法违规行为。2011 年例行督察结果显示，28 个城市中有 730 个项目存在非法批地问题，涉及面积 2 920 公顷。

（1）无权或越权批地

依法确定土地利用总体规划后，地方政府具有规划的执行权和建设项目用地的审批许可权。依据《土地管理法》第 44 条第 3 款，在已批准的农用地转用范围内，具体建设项目用地可由市、县人民政府批准。县以下人民政府没有建设项目用地的审批权。然而，在招商引资压力和个人利益的驱动下，没有审批权的地方政府也频频违法出让土地。例如，在没有审批权限的情况下，芜湖市三山区政府违法批地 284 公顷（其中农用地 246 公顷，耕地 27 公顷），引进香港某房地产公司建生态体育运动公园；陕西省榆林市榆阳区政府则在未取得合法用地

❶ 广灵县政府狂征耕地 3000 亩“和谐拆迁”再现“强权黑手”［EB/OL］. http://news.ccvic.com/toutiao/2011/0914/99404.shtml，2011-09-14.

❷ 河南平顶山新城区征地补偿纠纷引村民堵路［EB/OL］. http://news.qq.com/a/20110608/001429.htm，2011-06-08.

手续的情况下违法批地，先后引进5家企业建厂。

有关法规对各级政府建设用地和农民集体土地的审批权限已做明确规定，2公顷以下的建设用地由县人民政府批准；2～4公顷的建设用地由市、州人民政府批准；4公顷以上的建设用地由省人民政府批准。乡镇和村兴建企业、公共设施和公益事业使用农民集体所有土地的，0.5公顷以下的由县人民政府批准；0.5～1.5公顷的由市、州人民政府批准；1.5公顷以上的由省人民政府批准。然而，一些地方政府规避法定审批权将单个建设项目用地拆分审批，造成土地管理的紊乱和耕地的大量流失，更诱发土地投机行为。例如广东省开平市政府非法批地案中，开平市在违反土地利用总体规划的情况下，仍然采取化整为零的手法审批土地近2 000公顷。

（2）突破规划设立和扩大开发区

一些地方政府以工业园区、产业园区、产业集聚区、工业集中区、示范区等名义违规设立和扩大开发区，突破规划圈占土地等行为也十分普遍，各级开发区过多过滥、土地严重透支，存在不同程度的土地闲置及利用效率低的问题，规划“红线”变摆设，在城市建设发展迅速、房地产市场发达的地区尤为突出。

各类开发区已成为地方政府招商引资、发展产业经济的主要载体。据2010年统计数据，90个国家级开发区完成地区生产总值26 849亿元，带来财政收入5 627亿元，对地方经济建设功不可没。“地方政府圈占土地，设立开发区吸引大企业和大项目入驻，明明投资不到1 000万元，却夸大到1个亿。”[1] 但有些地方由于地处偏远，园区招商引资的效果并不理想，圈而未用、土地长期闲置荒废。

例如，河北省邢台市新河县为省级贫困县，经济连年位列河北省内倒数。为打好经济增长的“翻身仗”，在河北省政府大力推进工业聚集区建设的背景下，新河县突破规划设立一个超大工业区，面积相当于三四个老城区，园区内有31宗违法违规用地，面积高达211公顷。工业区

---

[1] 笔者对国土管理部门某工作人员的访谈资料。

内很多土地圈而未用，至今仍然荒废，许多企业只盖了少数厂房，大量土地闲置，长满荒草。❶ 突破规划占用耕地对农民权益和整个区域的生态环境影响巨大，造成严重的社会影响。不仅如此，各地开发区因土地问题负债累累。据媒体报道，邢台市开发区因土地问题负债40多亿元，营口开发区因“扩城运动”卖光土地，欠下上百亿元的债务。

国家成立清理整顿开发区领导小组，相关部门也曾多次出台相关文件对以工业园区、产业区等名义违规设立的开发区进行清理整顿，❷ 然而清理整顿的成效并不明显。2011年土地例行督察发现42个违规建立和扩大的开发区，规划涉及土地面积201平方千米。截至2013年1月，全国各级各类开发区仍有2 000多个。

（3）违反“招拍挂”规定批地

为彰显土地价值、完善土地市场和提高土地利用效率，中央政府继2004年规定必须采用“招拍挂”方式出让经营性土地后，又颁布一系列法令积极推进土地出让市场化，并于2007年发布的《招标拍卖挂牌出让国有土地使用权规范》和《协议出让国有土地使用权规范》中对土地出让方式作出立法规定，但地方政府推进土地市场化的积极性并不高，在土地出让中以协议或划拨方式取代“招拍挂”方式、弄虚作假等违法违规行为十分常见。例如厦门集美区的虚假招拍挂案件中，❸ 厦门市集美区政府事先与某地产开发公司签订协议合同，以1 900万元的价格将位于该区繁华地段的某地块出让给该公司，形式仍为挂牌招标。由于竞买激烈，挂牌报价转入现场竞价，最终该公司以2 780万元竞得土地，但超出协议价部分的880万元由区政府全额返

---

❶ 地方工业园区违规占用耕地　圈而不用［EB/OL］. http：//www. infzm. com/content/61506，2011-07-21.

❷ 2003年2月，国土资源部发布《关于清理各类园区用地加强土地供应调控的紧急通知》；同年7月，国务院办公厅发布《关于暂停审批各类开发区的紧急通知》和《关于清理整顿各类开发区加强建设用地管理的通知》；2012年12月，发改委、国土部和住建部三部委联合下发通知要求各地开展各类开发区清理整改前期工作。此类清理整顿文件不胜枚举。

❸ 地方政府土地违法案件的调查与思考［EB/OL］. http：//news. xinhuanet. com/newscenter/2004-04/23/content_1436417. htm，2004-04-23.

还，致使土地招拍挂仅成为掩耳盗铃的游戏。

还有一些地方政府在土地出让中“量体裁衣”限定条件，严重损害土地出让市场竞争的公平性，也成为腐败滋生的温床。依据有关规定，出让人在招标拍卖挂牌出让公告中不得设定影响公平、公正竞争的限制条件。但东莞市塘厦镇政府在挂牌出让一块起始价为 14 100 万元的商业地块时做出“受让人在竞得土地之日起 3 个月内需找到符合条件的百货零售企业并签约，引进的大型百货零售项目不符合要求或不能在规定期限内开业的（由塘厦镇人民政府认定），须向塘厦镇人民政府另行支付违约金 1 亿元”的严苛规定，让人不禁质疑该竞标条件的公平性和合理性。❶

（4）违反土地供应政策批地

地方政府违反土地供应政策批地的情况也比较突出。在 2011 年的土地例行督察中，29 个城市违反禁止、限制用地项目目录对 149 个项目批准供地，涉及面积 2 113 公顷；20 个城市违反产业政策对 132 个工业项目批准用地，涉及面积 1 547 公顷。❷ 以高尔夫球场为例，国务院办公厅于 2004 年发布《关于暂停新建高尔夫球场的通知》，叫停高尔夫球场的建设行为。❸ 近年来，在国家三令五申严肃查处的情况下，如云南省石林县违法批地数千亩建高尔夫球场的行为仍十分常见。❹

（5）“以租代征”非法批地

地方政府“以租代征”的违法行为指的是地方政府在未取得农用地转用和土地征收审批许可的情况下，批准用地单位采用租赁行为将农用地转为建设用地，擅自扩大建设用地规模的行为，主要表现为地方政府直接租赁、转租农村集体土地或作为土地租赁中介人促成租地

❶ 塘厦四村地块被指量体裁衣虚假出让［N］. 羊城晚报，2011-12-07.

❷ 2012 年国家土地督察公告。

❸《关于暂停新建高尔夫球场的通知》明确规定，地方各级人民政府、国务院各部门一律不得批准建设新的高尔夫球场项目。在此之前，未按规定履行规划、立项、用地和环境影响评价等建设审批手续而擅自开工的高尔夫球场项目一律停止建设，尚未开工的项目一律不许动工建设。

❹ 中央电视台“焦点访谈：目无禁令的高尔夫球场”［N］. 2011-05-14.

行为。

“以租代征”行为既可以在土地规划外扩大建设用地规模，获得高额土地收入，又可以规避法定的土地征收和农用地转用的审批程序，逃避缴纳有关税费、征地安置补偿和耕地占补平衡等法定义务，被地方政府视为缓解土地供需矛盾，促进地方财政和经济发展的一剂良方，在各地区非常普遍，经济较为发达的城乡接合部和城市郊区更是大行其道。例如，廊坊市广阳区政府与某公司签订土地租赁合同，并由广阳区政府下属企业出面向农民租地，在不符合土地利用总体规划的情况下将128公顷农用地提供给该公司建设文化公园。

依据《农村土地管理法》规定，未依法办理农用地转用审批手续，任何单位和个人不得将农用地转为建设用地；兴办乡镇企业、村民建设住宅或乡（镇）村公共设施和公益事业建设方可使用集体建设用地，农民集体所有的土地的使用权不得出让、转让或者出租用于非农业建设。《农村土地承包法》第33条第2款也进一步指出，土地承包经营权的流转不得改变土地所有权的性质和土地的农业用途。2006年8月国务院发布的《关于加强土地调控有关问题的通知》明确规定，国家机关工作人员在未依法办理农用地转用审批的情况下批准通过以租代征等方式使用土地的，属于非法批地行为。因此，地方政府“以租代征”的违法用地行为不仅严重违反《土地管理法》及《农村土地承包法》的相关规定，还违反土地利用总体规划和土地利用年度计划，对国家土地管理秩序造成严重损害，更使耕地保护目标流于形式。

地方政府“以租代征”的违法批地行为还会造成严重的社会影响。一方面，地方政府“以租代征”的土地违法行为会让不少企业遭受损失。河北省香河县“以租代征”的土地违法案便让万科等多家房企身陷其中。香河县政府以1 150元/亩的年租金与农民签订土地流转合同，将农用地“以租代征”非法流转，再以60万~80万元/亩的价格“卖给”开发商。万科通过公开交易市场获取土地，各项开发手续完备齐全，且一期已全部售出。香河县违法行为被查处后，项目面临停工停建，万科将承担购房人利息、土地款、管理费、人工费等损失数千万元，企业权益严重受损。❶ 另一方面，地方政府“以租代征”的土地违法行为也使农民成为利益受损的主体。一旦企业效益不好或破产，农民不仅拿不到租金，而且土地也无法复耕，失去经济来源，生活就会陷入困境。同时，由于“以租代征”用地协议非法，农民利益得不到法律保护，极易产生纠纷，成为社会不稳定的隐患。香河县政府的“以租代征”违法批地案中，农民们天天跑到自家地前看护，放鞭炮召集村民护地，有时人数多达上百人。农民定期自发组织到征用地施工现场围门、堵路、拉横幅。由于受到农民抵制，一些被征占的土地被迫停建，大面积荒芜。❷

5.1.3 低价出让土地

地方政府以土地优惠作为招商引资的条件，低于国有土地使用权最低价甚至“零地价”出让土地的情况屡见不鲜。低价出让土地一方面为开发商低价囤地提供便利条件，造成国有资产流失、土地闲置严重等社会损失；另一方面成为利益受损农民和地方政府土地冲突的导火索，严重危害农民利益。例如，哈尔滨市呼兰区利民开发区政府采用协议出让方式以低价将 233 公顷土地出让给某房地产开发公司用于商品住宅开发，而土地出让后长达 5 年时间一直荒废。❸ 无独有偶，内蒙古自治区国家级贫困县化德县为建工业园区实行“零地价”招商，所有征地补偿和补助费全部由当地政府承担，被征地村民因土地补偿纠纷与县政府纠葛不断。❹

依据《关于发布实施〈全国工业用地出让最低价标准〉的通知》规定，以各种形式给予补贴或返还土地出让金的行为也属于非法低价

---

❶ 香河违规用地 开发商与业主为地方政府埋单［EB/OL］. http://business.sohu.com/20110525/n308429997.shtml，2011-05-25.

❷ 河北香河政府大规模违规圈地 高价卖给开发商［EB/OL］. http://news.qq.com/a/20110518/001282.htm，2011-05-18.

❸ 黑龙江哈尔滨市呼兰区利民开发区违规圈地调查［EB/OL］. http://www.china.com.cn/txt/2007-05/17/content_ 8266062.htm，2007-05-17.

❹ 内蒙古化德“零地价”招商引发征地补偿纠纷［EB/OL］. http://news.sohu.com/20070724/n251212998.shtml，2007-07-24.

出让土地。例如，云南省曲靖市低价出让土地案中，云南曲靖市将 114 公顷土地以招标的方式转让给某房地产开发公司，获得 2.4 亿元土地出让纯收益，而后又以财政支持的方式奖励开发商 2 亿元，几乎是“零地价”出让土地。[1]

在地方政府低价出让土地的过程中，地方政府和开发商瓜分土地违法收益的博弈催化地方政府的腐败寻租和对企业的变相补偿等幕后交易。假定 R 为地方政府与用地企业在土地违法中产生的总收益，R 越大，国家的经济损失、社会损失以及农民利益损失越大。违法用地的收益由地方政府和企业瓜分，瓜分收益的高低策略取决于双方博弈的较量，最终可以形成四种利益分配的组合：（$R/2$，$R/2$）、（$R/3$，$2R/3$）、（$2R/3$，$R/3$）和（0，0）。图 5-3 为地方政府与用地企业之间利益分配的静态博弈支付矩阵。

		地方政府	
		低收益	高收益
用地企业	低收益	$R/2$, $R/2$	$R/3$, $2R/3$
	高收益	$2R/3$, $R/3$	0, 0

图 5-3　地方政府与用地企业之间利益分配的静态博弈支付矩阵

当地方政府与用地企业均追求高收益时，双方势均力敌，没有达成有效合作的方案，不产生合谋的土地违法行为，此时双方的效用均为 0。从表面上看，（$R/2$，$R/2$）的利益分配组合对地方政府和用地企业而言是最公平的，但由于地方政府对用地企业具有选择权，为实现与地方政府的有效合作，当地方政府选择高收益时，用地企业的最优策略是低收益，当地方政府选择低收益时，用地企业的最优选择是高收益。因此，本模型的均衡点会移至（$R/3$，$2R/3$）和（$2R/3$，$R/3$），（$R/3$，$2R/3$）和（$2R/3$，$R/3$）是模型的纳什均衡组合。

[1] 地方政府“奖励”开发商 2 亿元暴露了什么［EB/OL］. http：//news.xinhuanet.com/politics/2011-11/18/c_ 122302605.htm，2011-11-18.

当地方政府和用地企业采取（$R/3$，$2R/3$）的策略组合时，地方政府低价出让土地获得的财政收入较少，用地企业的收益较高，但用地企业可能通过贿赂的方式向政府官员表示感谢，以增加政府官员的个人收益；当地方政府和用地企业采取（$2R/3$，$R/3$）的策略组合时，用地企业通过招拍挂形式取得土地的价格较高，但事后地方政府可能以减免税费或变相返还土地出让金等形式提高企业的效用，以“补偿”用地企业。[1] 因此，地方政府和用地企业名义上的收益不变，实际上却大大增加，造成更大的国家和社会损失，并形成恶性循环。

5.1.4 其他土地违法行为

（1）违规调整土地利用总体规划

根据法律规定，规划确定的土地用途不得随意修改。基本农田一经划定，就是一条不可逾越的“红线”，任何地方和单位不得随意调整和占用。符合法定条件确需调整和占用的，必须报国务院批准。我国以省为区域作为实施耕地总量动态平衡的单位，由省级政府严格执行土地利用总体规划和土地利用年度计划，通过占用耕地补偿制度确保省级行政区域内耕地总量不得减少。然而，地方政府为了自身利益的最大化，在规划用地指标不能满足城市发展和建设需要时，滥用职权擅自修改土地规划的行为十分常见。

一些地方政府擅自调整土地利用总体规划，非法核减耕地保有量和基本农田保护面积，严重侵害农民的合法权益。例如河北省石家庄市高邑县等 3 个县土地利用总体规划调整方案涉及占用基本农田 145 公顷。另据中央电视台焦点访谈披露，云南沾益县擅自调整土地利用总体规划，将 5 个村 113 公顷基本农田调整为建设用地，规划调整尚未审核通过，政府就将土地出让建教育中心。当地失地村民不但不能进行春耕生产，甚至田里长成的庄稼都被推掉，部分新建起来的农民新村也面临拆迁，此举引起当地农民的极大愤慨和群体上访。[2]

---

[1] 根据 2010 年审计署第六号审计公告，抽查审计的 11 个市以“招商引资”“旧城改造”等方式变相减免土地出让收入 19.61 亿元。

[2] 中央电视台“焦点访谈：云南曲靖违法占用基本农田事件调查”［N］. 2007-04-17.

一些地方政府采取欺骗的手段，修改土地规划图，违法占用耕地甚至基本农田。安徽省安庆市枞阳县陈瑶湖镇政府进行房屋开发，将上百亩耕地（其中80%为基本农田）谎报为坟地和未利用地。审批查验时，镇政府从村里的荒地上取景拍照应付检查，并冠以用于修路的高帽子，违法获得审批。据调查，一旦房屋开发成功，镇政府将百亩良田作为门面房出售的利润为3 000万~6 000万元。其中，县政府可得土地出让金的28%，乡镇政府和县国土资源局获得余下的72%。陈瑶湖镇前河村村委会每亩可提成400元，村干部每人可免费得到两间门面房。❶ 在违法调整规划的利益链上，失地农民是最大的受害者。地方政府违法调整规划造成的危害由此可见一斑。

（2）违规利用土地抵押贷款

部分地方政府违规利用土地抵押贷款，存在较大债务和金融风险，个别地区的融资规模已经超过当地财力许可。2011年土地例行督察抽查的31个市和25个县中，12个市和22个县存在土地违规抵押融资贷款行为，涉及面积6 698公顷，贷款总额557.98亿元。❷ 例如福建省泉州市向市路桥建设开发有限公司虚假供地79公顷用于提供企业债券的融资担保。

5.2 地方政府土地违法治理对象的特征

5.2.1 不确定性

地方政府土地违法行为的治理对象具有不确定性，主要体现在以下两个方面：

---

❶ 基本农田被谎报为坟地和未利用地——对一起侵占基本农田事件的调查［N］. 中国青年报，2005-04-11.

❷ 2012年国家土地督察公告［R］.

第一，土地利用总体规划的弹性造成地方政府土地违法治理对象在时间上不稳定。例如，1997~2010年长春市土地利用总体规划确定的长春市规划期末城市建设规模为200平方千米，城镇人口数量245万。截至2009年年底，长春市城市建设规模已达330平方千米，城镇人口数量340万，分别超出规划65%和38.8%，地方政府违规调整规划和违反规划用地情况较多。[1] 然而，长春市2006~2020年土地利用总体规划获国务院批准后，又通过规划调整将违法用地“合法转正”。

第二，土地政策的调整造成地方政府土地违法治理对象的判定标准不确定。中央政府的土地政策会随着宏观经济调控目标的转变做出相应调整，具有动态性。当经济疲软时，中央政府一般采取相对宽松的土地政策，对地方政府土地违法行为治理对象的认定范围也相对缩小。例如，2000年中央为扩大内需，出台以“置换指标”“周转指标”换取建设用地指标的政策，造成规划弹性有余，而刚性不够，从而损害土地规划的权威性和约束力（郑振源，2004）。当经济过热时，中央政府一般采取相对严格的土地政策，通过一系列措施加大治理力度，对地方政府土地违法行为治理对象的评判标准也随之扩大，如批准高尔夫球场、别墅用地等行为均被叫停。

地方政府土地违法行为治理对象的不确定性使地方政府土地违法行为的风险预期降低，造成地方政府的机会主义行为盛行，使地方政府土地违法行为加剧蔓延。

以笔者调查的某镇政府违法批地案为例，该镇政府为建设工业项目，在未依法获得土地征收审批的情况下，对镇辖区内的两个村集体土地进行平整，部分土地不符合土地利用总体规划。从镇领导处得知，他们特意组团去另一经济发达县考察，该地区设立大量工业园区，多数农地已变为工业用地，农田零星分布在山上和工业区中的绿化带。考察后该领导提出“筑巢引凤”的计划，并组织成立招商引资综合办

---

[1] 东北地区土地供需矛盾频仍　违法用地或将高发［EB/OL］. http：//www.chinanews.com/estate/2011/06-22/3127367.shtml，2011-06-22.

公室，以低地价招徕大量企业。

5.2.2　隐蔽性

随着土地违法治理力度的逐步加强，地方政府土地违法行为的治理对象具有更大的隐蔽性。地方政府以政府会议纪要和直接下发文件违法批地的方式有所减少，❶ 更多的采取口头同意或者默认的方式。在以租代征非法占地的案件中，基层政府直接租赁或转租农村集体土地行为有所减少，转而作为土地租赁中介人促成租地行为或者默许租地行为。部分乡级政府以城乡建设用地增减挂钩和新农村建设等名义，非法占用集体土地搞房地产开发。

例如，成都某公司与锦江乡几个村委会签订租地协议，约定租用集体土地 47 公顷进行非农建设，锦江乡政府在租地协议上作为“见证人”加盖公章。实际上，在此之前，该公司已与乡政府签署投资协议，对以租代征的土地做好约定，崇州市副市长还在投资协议上批示：“请锦江乡完善后与业主签订正式协议，对该项目实施过程中尽量少硬化。”

地方政府土地违法行为治理对象的隐蔽性主要体现在其对企业违法占地的默许和推动。很多土地违法案件查处中违法主体仅涉及用地企业，实际上，在土地财政收益和经济发展动力的双重激励下，地方政府与用地企业关系十分紧密，“征地都要经过地方政府许可，没有地方政府的默许和合作，企业的土地违法行为根本无从实施。为规避法律责任，现在政府招商引资时都是跟用地企业签投资协议，实际上就是以前的用地协议。”❷ 国土资源部部长徐绍史也曾指出，“在土地违法违规中，政府默许、纵容甚至指示占到相当比例。”因此，地方政府土地违法行为治理对象的隐蔽性大大增加了查处难度。

---

❶　按照国务院 2004 年 3 月出台的《全面推进依法行政实施纲要》规定，“没有法律、法规、规章的规定，行政机关不得作出影响公民、法人和其他组织合法权益或者增加公民、法人和其他组织义务的决定。”也就是说，地方政府的行政权力必须有法律、行政法规、国务院决定、地方性法规和省政府规章（临时许可）作为依据，以政府文件、会议纪要等形式批地的，不能作为行政许可的依据。

❷　笔者于 2012 年 11 月对孝感市某国土部门工作人员的访谈资料。

地方政府和用地企业在土地违法行为中的博弈过程可以体现地方政府土地违法行为治理对象的隐蔽性。假设地方政府和用地企业均为风险规避型的理性经济人，双方通过合作实施土地违法行为获取各自效用的最大化，同时承担土地违法行为被查处时效用减少的风险，那么，两者之间存在合作或不合作的多重博弈。

假定地方政府土地违法行为的收益为 N，地方政府和政府合谋实施土地违法行为的收益为 S，则企业土地违法行为的收益为 $S-N$。

p 为地方政府认为土地违法行为不会被查处的概率；$1-p$ 为地方政府认为实施土地违法行为会被查处的概率。q 为企业认为土地违法行为不会被查处的概率，$q=\delta p$，其中 δ 为企业与地方政府的关系系数，体现企业与地方政府的关系紧密程度。$0\leqslant\delta\leqslant1$，当 $\delta=1$ 时，企业与地方政府联系非常紧密，地方政府为了共同利益默许企业的违法用地行为；δ 越小，说明企业与地方政府的联系越不紧密，地方政府越不会同意企业的违法用地行为。

L 为地方政府默许企业违法用地被查处所受到的惩罚，可能存在 $L>N$、$L=N$ 和 $L<N$ 三种情况。M 为用地企业的违法用地行为被查处所受到的惩罚。

地方政府默许企业违法用地的预期效用为：$\mu_1=pN+(1-p)(N-L)$。

企业违法用地的预期效用为：

$$\begin{aligned}\mu_2 &= q(S-N)+(1-q)[(S-N)-M]\\ &= (\delta p)(S-N)+(1-\delta p)[(S-N)-M]\\ &= (S-N)-M(1-\delta p)\end{aligned}$$

地方政府与企业之间第一阶段的博弈模型如图 5-4 所示：

		用地企业：违法用地	用地企业：依法用地
地方政府	默许企业违法用地	μ_1,μ_2	$\mu_1,0$
	依法管理	$0,\mu_2$	0,0

图 5-4　地方政府与企业之间第一阶段的博弈支付矩阵

采用相对优势策略圈定法可知，当且仅当 $\mu_1>0$ 且 $\mu_2>0$ 时，博弈模型的占优纳什均衡策略为（默许企业违法用地，违法用地）。

由 $\mu_1>0$ 可以推出，$\mu_1=pN+(1-p)(N-L)=N-(1-p)L>0$，即 $N>(1-p)L$，说明当土地违法行为的收益大于被查处所受到的损失时，地方政府才会默许企业违法用地。

由 $N>(1-p)L$ 整理可得：$p>(1-N/L)$。当 $L>N$ 时，一旦 $p>(1-N/L)$，地方政府会默许企业违法用地；当 $L>N$ 和 $L=N$ 时，$(1-N/L)\leqslant 0$，$p>(1-N/L)$ 必然成立。因此，当地方政府土地违法行为被查处时所受的惩罚小于土地违法行为获得的收益时，即使被查处的概率很大，地方政府还是会铤而走险默许企业违法用地。

由 $\mu_2>0$ 可以推出，$\mu_2=(S-N)-M(-\delta p)>0$，即 $S-N>M(1-\delta p)$，说明当违法用地的收益大于被查处所受到的损失时，企业才会违法使用土地。

在其他变量既定的条件下，对 $\mu_2=(S-N)-M(1-\delta p)$ 中的 δ 求偏导数，可得：$\frac{\partial\mu_1}{\partial\delta}Mp$，由于 M、p 均大于 0，故 $\frac{\partial\mu_2}{\partial\delta}>0$。由此说明：$\delta$ 越大，企业与地方政府之间的联系越紧密，越能提高违法用地的预期收益，也越会激励用地企业与地方政府合谋产生土地违法行为；δ 越小，用地企业与地方政府之间的不信任加深，合谋的稳定性下降。因此，对于地方政府而言，利用职权对企业大开方便之门，纵容、袒护和包庇企业的土地违法行为，采用合法的形式掩盖非法用地等行为是维系企业与地方政府紧密关系的一贯做法。企业与地方政府的紧密关系是政府默许、纵容甚至指示企业违法用地的重要条件，且随着双方利益互惠和腐败寻租而更加稳固。

在其他变量既定的条件下，对 $\mu_2=(S-N)-M(1-\theta p)$ 中的 M 求偏导数，可得：$\frac{\partial\mu_2}{\partial M}=(1-\delta p)<0$，说明随着对地方政府和企业合谋产生土地违法的惩罚力度的加大，双方的预期收入会下降，双方不合谋的可能性会加大。

假定地方政府与企业带着在第一阶段合谋成功的收益和风险进入第二阶段的博弈。令 μ_1 为地方政府在第一阶段的预期效用，μ'_1 为地方政府在第二阶段的预期效用，U_1 为地方政府在第二阶段获得的总预期效用，N'、L'和 p'分别为第二阶段中地方政府默许企业违法用地的收益、被查处所受到的惩罚以及不会被查处的概率，则地方政府在第二阶段获得的总预期效用为：

$$U_1 = \mu_1 + \mu'_1 = N - (1 - p)L + N' - 1(1 - p')L'$$

令 μ_2 为用地企业在第一阶段的预期效用，μ_2 为用地企业在第二阶段的预期效用，U_2 为用地企业在第二阶段获得的总预期效用，S'、M'和 δ'分别为第二阶段中地方政府和政府合谋实施土地违法行为的收益、企业违法用地被查处所受到的惩罚以及为企业与地方政府的关系系数，则企业在第二阶段获得的总预期效用为：

$$U_2 = \mu_2 + \mu'_2 = (S - N) - M(1 - \delta P) + (S' - N') - M'(1 - \delta' p')$$

在地方政府与企业之间第二阶段的博弈中，地方政府与企业合谋产生土地违法行为时的预期效用分别为（U_1，U_2）；地方政府选择依法管理、企业选择依法用地时，预期效用仍与第一阶段一致，分别为（μ_1，μ_2）；当地方政府的选择为默许企业违法用地，而企业选择依法用地时，地方政府的预期效用为 U_1，而企业的预期效用则停留在第一阶段的 μ_2 上；当地方政府的选择为依法管理，而企业选择违法用地时，企业便需承担更大的风险，或者需要通过贿赂等手段说服地方政府合谋，双方的预期效用分别为（μ，U_2），如图 5-5 所示。因此，当 $\mu'_1>0$ 和 $\mu'_2>0$ 时，第二阶段博弈的占优纳什均衡策略仍为（默许企业违法用地，违法用地）。

在已有假设不变的情况下，第一阶段和第二阶段中地方政府和企业均存在（默许企业违法用地，违法用地）的占优纳什均衡，由此将双方的博弈推至第 t 阶段。

地方政府在第 t 阶段获得的总预期效用为：

		用地企业	
		违法用地	依法用地
地方政府	默许企业违法用地	U_1, U_2	U_1, μ_2
	依法管理	$\mu_1, {}_2U$	μ_1, μ_2

图 5-5 地方政府与企业之间第二阶段的博弈支付矩阵

$$U_1^t = \sum_1^t N - L\left[(1-p) + (1+\alpha)\left(1 - \frac{p}{1+\xi}\right) + \cdots + (1+\alpha)^t\left(1 - \frac{p}{(1+\xi)^t}\right)\right]$$

$$= \sum_1^t N - L\left[\left(\frac{(1+\alpha)^{t+1} - 1}{\alpha}\right) - p\,\frac{1 - \left(\frac{1+\alpha}{1+\xi}\right)^{t+1}}{1 - \left(\frac{1+\alpha}{1+\xi}\right)}\right]$$

企业在第 t 阶段获得的总预期效用为：

$$U_2^t = \sum_1^t S - \sum_1^t N - M\left[\frac{(1+\beta)^{t+1} - 1}{\beta} - (\delta p)\cdot\left(1 + \frac{1+\beta}{1+\xi} + \cdots \frac{(1+\beta)^t}{(1+\xi)^t}\right)\right]$$

由此可以看出，当地方政府和企业的土地违法行为被查处概率的增长速度慢于惩罚力度的增长速度时，U'_1 和 U'_2 减小的速度比较慢，在第 t 阶段仍为正数。因此，地方政府土地违法行为治理对象的隐蔽性使查处难度加大，而查处不力会加剧地方政府默许企业违法用地的行为。

5.3 地方政府土地违法治理对象的行为动机

5.3.1 研究假设和指标选取

本节通过构建基于贝叶斯估计的结构方程模型并进行实证检验，

分析当前地方政府土地违法治理对象的行为动机。

根据已有研究和前文分析，地方政府在实施土地违法行为前会综合衡量其成本、收益和风险。受政策环境和社会环境的风险感知状态影响，地方政府实施土地违法行为时一方面受正向激励因素的驱动，考虑实施土地违法获取的收益；另一方面受反向阻碍因素的制约，考虑实施土地违法造成的成本。地方政府土地违法行为的成本和收益既包括政治和经济上的，也包括精神和道德上的收益成本。当所获利益大于成本时，地方政府才会产生土地违法行为。

地方政府土地违法行为动机的理论模型包括风险感知、正向激励、反向阻碍和行为倾向四个部分，如图 5-6 所示。风险感知指标、正向激励指标和反向阻碍指标可以衡量地方政府土地违法行为的影响因素，而行为倾向指标则可以衡量地方政府对实施土地违法行为的态度。本节提出以下四个假设。

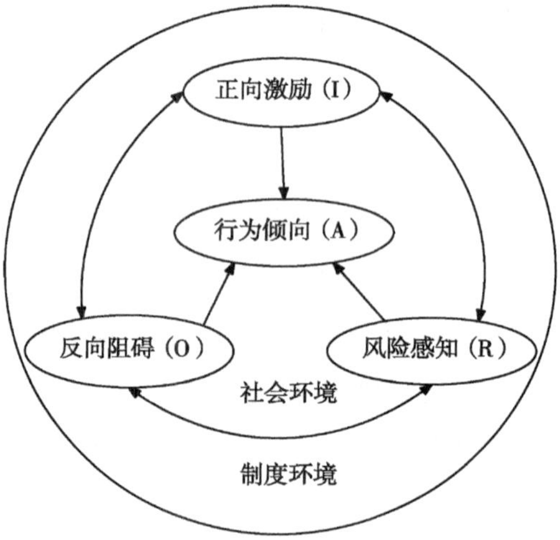

图 5-6　地方政府土地违法行为动机的理论模型

假设一：正向激励指标对地方政府的土地违法行为产生正向影响；
假设二：反向阻碍指标对地方政府的土地违法行为产生反向影响；
假设三：风险感知指标会对地方政府的土地违法行为产生影响；
假设四：正向激励指标、反向阻碍指标和风险感知指标相互作用，相互影响，共同对地方政府的土地违法行为产生影响。

行为倾向变量采用对地方政府土地违法行为的心理认同度和对土地规划的认同度两个指标度量。对土地违法行为心理认同度的高低对土地违法的行为倾向大小具有直接影响，若地方政府对土地违法行为具有很强的心理认同度，实施土地违法的行为倾向会加强；反之，心理上的不认同会使地方政府实施土地违法的行为倾向弱化。对土地规划的认同主要反映在建设用地指标、耕地指标和调整规划的审批程序三个方面的认同度，如果对规划指标和审批程序不满，实施土地违法的行为倾向会较强；反之，则较弱。

正向激励变量采用地方政府实施土地违法行为获得的政治收益和经济收益两个指标度量。其中，地方政府对政治收益的感知主要体现为是否存在政绩提升、职务晋升和政治声誉提高，对经济收益的感知主要体现为是否能够增加财政收入和增加腐败等个人灰色收入等。地方政府实施土地违法行为获得的政治收益和经济收益越高，正向激励越大。

基于假设一可以提出 2 个具体假设：

H1　地方政府实施土地违法行为获得的政治收益对行为倾向产生正向影响；

H2　地方政府实施土地违法行为获得的经济收益对行为倾向产生正向影响。

反向阻碍变量采用对地方政府土地违法行为的查处力度、惩罚力度、社会处罚和自我处罚四个指标度量。地方政府对查处力度的感知表现为对土地违法行为被发现概率的感知和被发现土地违法行为后被查处概率的感知；对惩罚力度的感知表现为对经济处罚、行政处罚和刑事处罚的感知；对社会处罚的感知体现为社会声誉是否受损；对自我处罚的感知体现为地方政府的道德感和实施土地违法行为的内疚感。查处和惩罚力度越大、社会处罚和自我处罚的强度越高，反向阻碍越大。

基于假设二可以提出 4 个具体假设：

H3　地方政府土地违法行为的查处力度对行为倾向产生反向影响；

H4　地方政府土地违法行为的惩罚力度与行为倾向产生反向影响；

H5　地方政府土地违法行为的社会处罚即社会声誉与行为倾向具有负相关关系；

H6　地方政府土地违法行为的自我处罚即内疚感与行为倾向具有负相关关系。

风险感知变量采用地方政府土地违法行为的制度环境和社会环境两个指标度量。对治理制度的感知主要体现为制度严密性和弹性的感知，对社会环境的感知则主要体现为对周围和过去土地违法情况的感知。制度环境和社会环境越宽松，地方政府的风险感知越小。

基于假设三可以提出 2 个具体假设：

H7　地方政府对制度环境的感知与行为倾向呈负相关关系；

H8　地方政府对社会环境的感知与行为倾向呈负相关关系。

根据以上假设和研究中的调研，形成地方政府土地违法行为动机的指标体系（见表 5-1）。

表 5-1　地方政府土地违法行为动机的指标体系

潜变量	观测变量	子变量	评价标准
正向激励	政治收益	对政绩提升的感知	政绩提升越多，行为倾向越强
	经济收益	对地区财政收入的感知	财政收入越高，行为倾向越强
		对灰色收入的感知	灰色收入越高，行为倾向越强
反向阻碍	查处力度	对实施土地违法行为被发现可能性的感知	被发现可能性越大，行为倾向越弱
		对土地违法行为被发现之后被查处可能性的感知	被查处可能性越大，行为倾向越弱
	惩罚力度	对经济处罚的态度	经济处罚越大，行为倾向越弱
		对行政处罚的态度	行政处罚越大，行为倾向越弱
		对刑事处罚的态度	刑事处罚越大，行为倾向越弱
	社会处罚	对社会声誉受损程度的感知	社会声誉越受损，行为倾向越弱
	自我处罚	实施土地违法行为前的内疚程度	内疚感越强，行为倾向越弱
		实施土地违法行为后的内疚程度	内疚感越强，行为倾向越弱

续表

潜变量	观测变量	子变量	评价标准
风险感知	制度环境	对制度严密性的感知	制度越严密，行为倾向越弱
		对制度弹性的感知	制度弹性越小，行为倾向越弱
	社会环境	对周围土地违法情况的感知	周围违法越多，行为倾向越强
		对过去土地违法情况的感知	过去违法越多，行为倾向越强
行为倾向	心理认同度	对实施土地违法行为的负罪感	负罪感越小，行为倾向越强
	规划认同度	对建设用地指标的满意程度	对建设用地指标越不满意，行为倾向越强
		对耕地指标的满意程度	对耕地指标越不满意，行为倾向越强
		对征地审批程序的满意程度	对征地审批程序越不满意，行为倾向越强

5.3.2 研究数据来源

研究数据通过发放调查问卷获取，问卷采用实地调查与网络调查相结合的方法。地方政府的土地违法问题属于敏感问题，一些地方政府公职人员和用地企业工作人员警惕性较高，不愿意主动暴露问题，回答较为模糊或不愿作答。因此，本调研小组的实地调查以面对面访谈为主，留置问卷为辅，在有关机关人员的配合下，以中立研究者的身份取得调研对象的信任，通过聊天沟通的方式获取调查问卷结果；网络调查采取邀请作答的方式，并设置 IP 绑定，以求每一位被调查者能够认真、客观、负责任地回答。调查同时收集关于调研主体性别、年龄、学历、职业、职务、工作年限等相关基本信息。

为确保每一位被调查者对地方政府的土地违法行为及其治理有较为充分的了解，对调查问卷的题项理解正常，并能做出客观的回答，本研究对调查对象进行严格的筛选。调研群体主要包括三类：一为政府公职人员，包括各级地方政府公职人员、国土资源部门、纪委监察机关、检察院、法院、信访部门、审计部门等政府职能部门工作人员；二为专家学者、律师和新闻工作者等社会精英群体；三为房地产开发公司、旅游开发公司、工业企业等用地企业工作人员。

问卷调查时间为 2012 年 9～11 月，历时 3 个月。问卷发放范围涉及全国 12 个省、自治区及直辖市，共发放 500 份，收回有效问卷 254 份，有效回收率为 50.8%。采用内部一致性系数（Cronbanch α 值）测度数据的同等信度，检验结果良好（α=0.715），各因素均通过信度检测刻度 α>0.7 的要求，处于高信度范围。

对样本的基本情况分析表明，被调查者中对地方政府土地违法行为十分了解的占 94.3%。根据表 5-2，被调查者当中男性比重较高，占 61.07%，女性比重为 38.93%。年龄分布 30 岁以下、30~40 岁、40~50 岁、50~60 岁和 60 岁以上的调查对象分别占 23.7%、33.6%、25.4%、15.1%和 2.2%。被调查者主要为政府公职人员和专家学者，其中，政府公职人员、专家学者、律师和新闻工作者、企业管理人员分别占总样本的 58.3%、20.6%、9.8%和 11.3%。被调查者的教育程度普遍较高，具有研究生以上、大专或本科、高中及以下学历的人数分别占总样本的 38.7%、52.9%和 8.4%。

表 5-2　样本人口统计特性分析

样本特性		人数（人）	占比（%）	样本特性		人数（人）	占比（%）
性别	男	157	61.1	职业	政府公职人员	148	58.3
	女	97	38.9		专家学者	52	20.6
年龄	30 岁以下	60	23.7		律师和新闻工作者	25	9.8
	30~40 岁	85	33.6		企业管理人员	29	11.3
	40~50 岁	65	25.4	教育	高中及以下	21	8.4
	50~60 岁	38	15.1		大专或本科	135	52.9
	60 岁以上	6	2.2		研究生以上	98	38.7

5.3.3　结构方程模型构建

根据调查结果的描述性统计分析（见表 5-3），规划认同度和制度环境的得分均值较低，说明地方政府对规划的满意度较低，用地指标不能满足建设需要，征地审批和规划调整弹性不足，而制度环境也不够严密，存在突破规划产生土地违法行为的倾向。心理认同度和社会环境得分均值较高，而社会处罚的得分均值较低，说明地方政府和社会对土地违法行为的意识不足，存在“因公违法使用土地不算大错，甚至是地方经济发展功臣”的错误认识，从而加剧地方政府实施土地违法的行为倾向。在影响地方政府土地违法行为倾向的 8 项因素中，政治收益、查处力度和惩罚力度的得分均值最高，对地方政府土地违法行为的影响最大。

表 5-3　调查结果的描述性统计分析

观测变量	政治收益	经济收益	查处力度	惩罚力度	社会处罚	自我处罚	制度环境	社会环境	心理认同	规划认同
均值	4.22	3.68	4.17	4.32	2.21	2.63	2.59	3.53	3.61	2.15
标准差	0.828	1.933	1.141	1.285	0.909	1.047	1.210	1.333	1.121	0.964

基于调查数据，构建结构方程模型对研究假设进行实证检验，基本模型如图 5-7 所示。

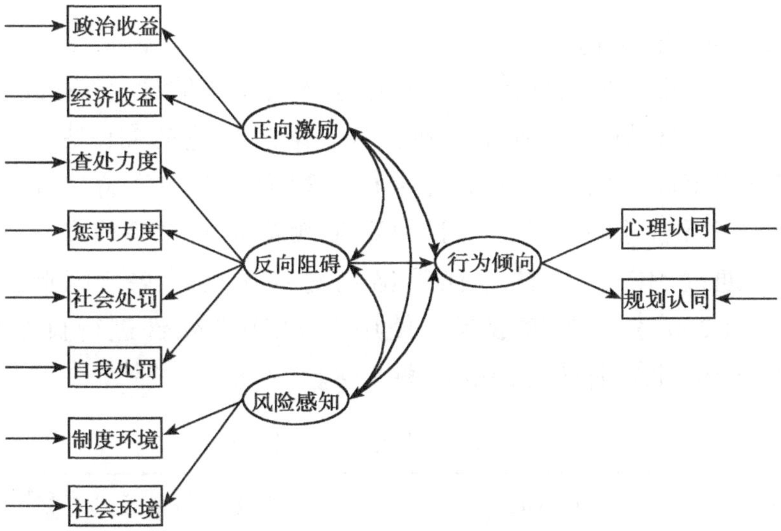

图 5-7　地方政府土地违法行为动机的基本结构方程模型

除基础模型之外，本书还构建加入正向激励、反向阻碍、风险感知交互项的 7 个扩展模型，如表 5-4 所示，并使用 WinBUGS 软件分别计算 8 组模型的 DIC 值，从中选择数据拟合效果最好的模型。根据斯皮格豪特（Spiegelhalter）（2002）的研究，DIC 值越小，数据的拟合效果越好。因此，加入正向激励和反向阻碍交互项的模型 DIC 值最小，说明模型 2 最符合样本数据。

表 5-4 八个备选模型及其 DIC 值

编号	模　型	DIC 值
1	基本模型	2 274.82
2	加入“正向激励×反向阻碍”项的扩展模型	1 896.40
3	加入“正向激励×风险感知”项的扩展模型	2 841.33
4	加入“反向阻碍×风险感知”项的扩展模型	3 101.25
5	加入“正向激励×风险感知+反向阻碍×风险感知”项的扩展模型	3 412.06
6	加入“正向激励×风险感知+正向激励×反向阻碍”项的扩展模型	2 921.01
7	加入“反向阻碍×风险感知+正向激励×反向阻碍”项的扩展模型	1 941.85
8	加入“正向激励×风险感知+反向阻碍×风险感知+正向激励×反向阻碍”项的扩展模型	3 618.10

5.3.4 实证检验

结构方程模型的估计方法主要有极大似然估计（Maximun Likelihood，ML）和贝叶斯估计两种。基于渐进理论的 ML 估计方法对样本容量要求高，估计结果的优劣很大程度上取决于样本量大小，而基于吉布斯抽样的贝叶斯估计可以依赖样本的先验信息生成马尔科夫链，通过 MCMC 方法迭代得出相对准确的结果。因此，参考李（Lee）（2007）的研究成果，使用 WinBUGS 软件进行贝叶斯估计，模型 2 的估计结果见表 5-5 和图 5-8。

表 5-5 模型 2 的估计结果

变量	系数	t 值	观测变量	系数	t 值	观测变量残差项的方差	t 值
正向激励	1.214	7.08***	政治收益	1	—	0.126	8.18***
反向阻碍	-1.367	-6.42***	经济收益	0.952	5.15***	0.225	5.62***
风险感知	-0.0791	0.98*	查处力度	1	—	0.751	7.15***
正向激励与反向阻碍交互项	1.115	3.74***	惩罚力度	3.096	6.52***	0.852	6.32***
正向激励—反向阻碍	0.812	2.86***	社会处罚	0.862	4.81***	0.886	11.38***
正向激励—风险感知	0.473	5.11***	自我处罚	0.741	0.53	0.334	9.82***

续表

变量	系数	t 值	观测变量	系数	t 值	观测变量残差项的方差	t 值
反向阻碍—风险感知	0.526	3.15***	制度环境	1	—	0.631	12.08***
			社会环境	1.108	7.54***	0.482	6.33***
			心理认同	2.517	—	0.620	9.71***
			规划认同	1	5.36***	0.379	8.52***

注：***、** 和 * 分别表示在 1%、5% 和 10% 的水平上显著。

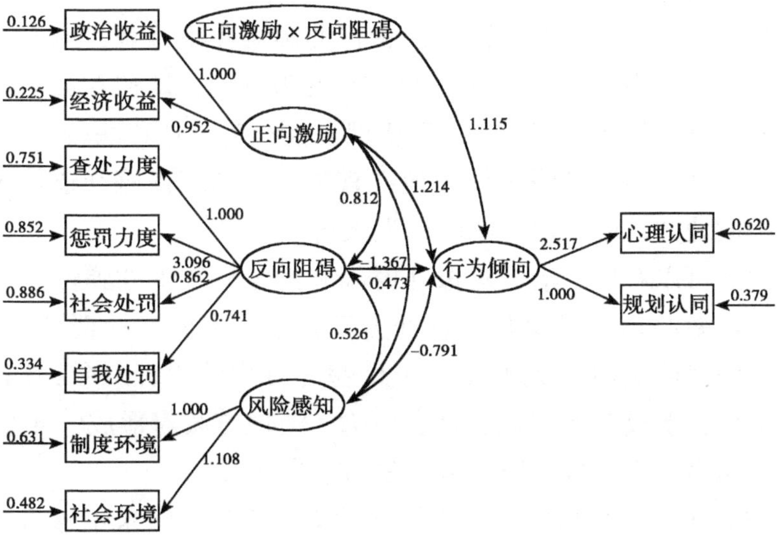

图 5-8　模型 2 的运算结果

根据估计结果，可以得出以下结论：

(1) 正向激励指标对行为倾向指标的影响是正向的，且在 1% 的水平下显著，基本假设一成立。假定政治收益子变量对正向激励指标的回归权重系数为 1，经济收益子变量对正向激励指标的回归权重系数为 0.952，均在 1% 的水平下显著，说明从土地违法行为中获得的政治收益和经济收益感知均对行为倾向产生正向影响，假设 H1 和 H2 成立。

因此，地方政府对政治收益和经济收益的感知越强，产生土地违法的行为倾向越大。以地方政府的各种土地违法行为为主要治理对象具有一定的局限性，并不能改变地方政府土地违法行为的正向激励机制，也不能从制度层面抑制地方政府获取政治和经济收益的冲动。

（2）反向阻碍指标对行为倾向的影响是负向的，且在1%的水平下显著，基本假设二成立。假定查处力度子变量对反向阻碍指标的回归权重系数为1，惩罚力度和社会处罚子变量对反向阻碍指标的回归权重系数分别为3.096、0.862，均在1%的水平下显著，说明地方政府对查处力度、惩罚力度和社会声誉受损程度的感知与土地违法的行为倾向呈负相关关系，假设H3、H4和H5成立。

自我处罚自变量对反向阻碍指标的影响并不显著，地方政府对土地违法行为的内疚感并不显著影响其行为倾向，即使存在内疚感，地方政府在巨大的正向利益激励下仍然可能产生土地违法行为。假设H6不成立。这一结果说明仅依靠地方官员个人的责任感和道德感并不能有效抑制地方政府土地违法的行为倾向。

由此可以看出，治理对象在时间和判定标准上的弹性会增强地方政府的侥幸心理，减少其对查处力度、惩罚力度和社会处罚的感知，应通过法律明确界定地方政府土地违法行为的治理对象，加大查处、惩罚力度，形成有效威慑和社会压力，使地方政府形成“不敢为”的心理，从而减少地方政府土地违法的行为倾向。

（3）风险感知指标对行为倾向的影响为负，结果不够显著，但正向激励指标与风险感知指标的相关系数为0.473，反向阻碍指标与风险感知指标的相关系数为0.526，均在1%的水平下显著，说明风险感知指标虽然对行为倾向的直接影响不显著，但通过对正向激励和反向阻碍指标的影响，间接对行为倾向产生影响，基本假设三成立。

假定制度环境自变量对风险感知指标的回归权重系数为1，社会环境自变量对风险感知指标的回归权重系数为1.108，地方政府对制度环境和社会环境的感知对行为倾向产生负面影响，假设H7和H8成立。

由此可以看出，地方政府对制度环境和社会环境的风险感知越强，产生土地违法的行为倾向越小。应增强制度的严密性，减少惩罚制度的弹性，创造严格的制度环境和社会环境，减少地方政府的投机心理和行为倾向，也能够抑制土地违法的从众和传染效应。

(4) 正向激励指标与反向阻碍指标的相关系数为 0.812，正向激励与反向阻碍交互项对行为倾向指标的回归权重系数为 1.115，均在 1%的水平下显著，且正向激励指标与风险感知指标及反向阻碍指标具有相关性，说明正向激励指标、反向阻碍指标和风险感知指标相互作用，共同对行为倾向指标产生影响，基本假设四成立。

正向激励指标对行为倾向指标影响为正，反向阻碍对行为倾向指标影响为负，而正向激励与反向阻碍交互项对行为倾向指标具有正向影响，说明地方政府对正向激励指标更加敏感，只要经济和政治利益足够大，其仍有可能铤而走险，产生土地违法行为。

因此，仅针对地方政府土地违法行为本身进行治理并不能减少行为倾向的正向激励，通过制度层面改革，既可以减少正向激励，又可以增强制度的严密性，提高地方政府土地违法行为的治理效果。随着治理效果的逐步体现，依法利用管理土地的制度环境和社会环境也将逐渐形成，从而提高风险感知，进一步减少土地违法的行为倾向。

5.4 本章小结

本章首先分析了地方政府土地违法治理对象的组成及特征，然后构建地方政府土地违法行为动机的理论模型，基于微观调研数据，利用结构方程模型对相关假设进行验证，发现目前地方政府土地违法治理对象的行为动机。

研究结果表明：地方政府土地违法行为的治理对象以违法批地、违法征地、低价出让土地、违规调整土地利用总体规划、违规利用土地抵押贷款等行为为主。地方政府土地违法的治理对象在判断标准和时间上具有不确定性，会弱化地方政府对治理力度的感知，应通过法律明确界定地方政府土地违法行为的治理对象。治理对象的隐蔽性使地方政府土地违法行为的查处难度增加，而在土地违法收益足够大的前提下，只要查处的概率较低，即使惩罚措施很严厉，地方政府仍会继续默许和推动企业违法用地，从而产生恶性循环。

地方政府土地违法行为的动机复杂，仅针对“行为”本身进行治理具有局限性，在一定程度上影响治理效果，还应考虑影响地方政府土地行为倾向的正向激励、反向阻碍以及风险感知，将地方政府的政绩考核标准、财政分权制度、土地审批程序、土地规划体制、地方政府土地违法产生的社会环境、地方政府工作人员法律意识和道德感、地方官员的土地腐败等作为治理对象进行综合治理。

6

DIFANG ZHENGFU TUDI WEIFA XINGWEI DE ZHILI SHOUDUAN

地方政府土地违法行为的治理手段

针对复杂多样的地方政府土地违法行为，治理实践中往往采用土地督察、土地问责、调节经济利益关系和技术应用、行政体制改革、行政诉讼、宣传教育等其他手段。本章在归纳不同类型治理手段现状特征的基础上，运用系统科学研究方法，构建地方政府土地违法治理的系统动力学模型，评价不同类型治理手段对地方政府土地违法行为的影响路径和影响效果。

6.1 地方政府土地违法治理手段的类型

6.1.1 土地督察

土地督察是现阶段治理地方政府土地违法行为的专效性行政手段。2006 年 7 月，国务院办公厅颁布《关于建立国家土地督察制度有关问题的通知》，正式启动土地督察制度，明确土地督察的核心任务是监督地方政府土地执法情况，核查土地利用和管理中的合法性和真实性，监督检查土地管理审批事项和土地管理法定职责履行情况。

土地督察制度实施六年以来，国家土地督察机构按照“边组建边工作”的原则，基本完成队伍组建工作，开创以土地专项督察、土地例行督察和土地审核督察为核心，以监督土地执法、开展调查研究与土地管理形势监测预警分析为主要内容，以在线土地督察系统为主要技术平台的业务体系，对地方政府土地违法行为进行监督检查，涉及发现、处理、立案、处罚和结案全过程，以实现治理目标。

2008~2011 年，国家土地督察机构共计发现土地违法违规 74 950 件，涉及土地面积 268 281. 7 公顷，撤销地方政府的违规文件 827 件，核查各类土地管理文件和卷宗 537 965 份，赴实地核查地块 129 408 宗，将 8 035 名相关责任人移交纪检监察机关依法追究党纪政纪责任，将 1 333 名相关责任人移送司法机关依法追究刑事责任，约谈 464 名地方领导责任人，对地方政府的土地违法行为起到明显的抑制作用。土地督察对地方政府土地违法行为的具体治理活动如表 6-1 所示。随着土地督察的各项业务的逐渐深入和成熟，督察效率逐渐提高，对地方政府土地违法行为的遏制效果也会更明显。

表 6-1　土地督察对地方政府土地违法行为的具体治理活动

	具体治理活动	2008 年	2009 年	2010 年	2011 年	合计
土地专项督察	业内审核卷宗（件）	—	11 136	19 648	—	30 784
	实地核查地块（宗）	228	5 262	13 531	—	19 021
	发现违法用地（件）	183	6 830	13 866	84	20 963
	发现违法用地面积（公顷）	5 165.3	28 683.39	15 944.57	3 063.62	52 856.88
	撤销地方政府违规文件（件）	4	8	1	7	20
	追究党纪政纪责任（人）	86	1 085	2 078	106	3 355
	追究刑事责任（人）	10	161	141	35	347
土地例行督察	业内审核卷宗（件）	11 209	36 785	134 687	324 500	507 181
	实地核查地块（宗）	5 963	16 222	33 239	43 200	98 624
	发现违法用地（件）	1 325	7 580	12 179	28 900	49 984
	发现违法用地面积（公顷）	10 312.35	31 115.9	60 228.85	66 130.33	167 787.4
	撤销地方政府违规文件（件）	—	80	201	493	774
	追究党纪政纪责任（人）	—	1 323	1 531	1 692	4 546
	追究刑事责任（人）	—	365	330	228	923
土地审核督察	审核抄送材料（件）	6 334	13 767	19 038	22 500	61 639
	抽查项目（件）	1 358	8 730	10 802	11 000	31 890
	发现违法用地（件）	76	918	995	2 014	4 003
	发现违法用地面积（公顷）	1 850.54	13 892.06	21 907.54	9 987.26	47 637.4
	撤销地方政府违规文件（件）	—	15	18	0	33
	追究党纪政纪责任（人）	7	77	49	1	134
	追究刑事责任人数（人）	0	43	20	0	63
约谈	约谈地方领导（人）	1	202	261	0	464

注：—表示未找到相关数据。

（1）土地专项督察

土地专项督察通过前期调查、卷宗检查、实地核查、向省级以及计划单列市人民政府发出督察建议书或整改意见书，向严重违反国家土地管理法律法规、影响国家宏观调控目标实现、社会影响极其恶劣的案件发出限期整改通知书等活动对地方政府的土地违法行为进行有针对性的治理。

根据表 6-1 和表 6-2，2008~2011 年我国土地督察机构先后对存在问题的 23 个省（区、市）和 1 个计划单列市开展土地专项督查，审核各类土地管理文件和卷宗 30 784 件，赴实地核查地块 19 021 宗，发现 20 963 件违法用地案，涉及土地面积 52 856.88 公顷，撤销地方政府的违规文件 20 件，将 3 355 名相关责任人移交纪检监察机关依法追究党纪政纪责任，将 347 名相关责任人移送司法机关依法追究刑事责任，主要治理了地方政府违法调整土地利用总体规划、以租代征、违规设立和扩大开发区、违反土地规划批地、违法征地和低价出让土地等土地违法行为。

表 6-2 土地专项督察治理的地方政府土地违法行为（2008~2011）

年份	治理地方政府土地违法行为的主要类型
2008	以租代征、违规设立和扩大开发区、违法调整土地利用总体规划、违反土地规划批地、未批先用
2009	以租代征、违法批地建高尔夫球场
2010	违规设立和扩大开发区、违法批地建高尔夫球场和别墅、违法征地、违法调整基本农田
2011	低价出让土地、违法土地招拍挂规定批地、违反土地规划批地、违法批地建高尔夫球场

（2）土地例行督察

土地例行督察通过对地方政府的土地审批、农用地转用和土地征收、土地出让供应、土地开发利用、耕地占补平衡、土地执法监察和土地抵押融资等土地利用和管理行为进行监督检查和评估，对地方政府的土地违法行为进行全面治理。

根据表 6-1，自 2008 年首次开展土地例行督察工作以来，2008~2011 年国家土地督察机构在全国 30 个省（区、市）及 5 个计划单列市共 1 178 个县（市、区、旗）开展土地例行督察，审核各类土地管理文件和卷宗 507 181 份，赴实地核查地块 98 624 宗，发现 49 984 件违法用地案，涉及土地面积 167 787.4 公顷，撤销地方政府的违规文件 774 件，将 4 546 名相关责任人移交纪检监察机关依法追究党纪政纪责任，923 名相关责任人移送司法机关依法追究刑事责任。土地例行督察对例行督察地区地方政府的违法征地、违法批地、低价出让土地、违规调整土地利用总体规划等土地违法行为进行全面治理。

（3）土地审核督察

土地审核督察通过日常审批备案和集中核查的方式，对地方政府在农用地转用和土地征收审批及批后实施环节涉及的土地违法行为进行治理。

根据表 6-1 和表 6-3，2008~2011 年我国土地督察机构对报国务院审批和省级人民政府审批的农用地转用和土地征收抄送备案材料进行审核，共 61 639 件，采取卷宗审核、派出督察组检查和现场踏勘等方式对其中 31 890 个项目进行抽查，占总备案数的 51.7%，发现 4 003 件违法用地案，涉及土地面积 47 637.4 公顷，撤销地方政府的违规文件 33 件，将 134 名相关责任人移交纪检监察机关依法追究党纪政纪责任，将 63 名相关责任人移送司法机关依法追究刑事责任，主要治理了地方政府违反法定审批权限、程序和土地政策批地、违规设立和扩大开发区、未批先用、未足额缴纳新增建设用地土地有偿使用费、征地补偿不到位等土地违法行为。

表 6-3　土地审核督察治理的地方政府土地违法行为（2008~2011）

年份	治理地方政府土地违法行为的主要类型
2008	违反法定审批权限批地、违反法定审批程序批地、违反供地政策批地、未批先用
2009	未足额缴纳新增建设用地土地有偿使用费、违反供地政策批地、未批先用
2010	违法批地、未足额缴纳新增建设用地土地有偿使用费、征地补偿不到位
2011	违规设立和扩大开发区、国家和省级重点工程项目未批先用

6.1.2　土地问责

近年来，国家频繁出台或修订相关法律、法令、条例、规则或章程等法律文件规范地方政府的土地管理行为（见图 6-1）。2008 年 5 月 29 日监察部、国土资源部、人力资源和社会保障部联合发布的《违反土地管理规定行为处分办法》中首次确立对地方政府主要领导人的问责制，细化地方政府工作人员失职、渎职所导致土地违法行为的处分规定。江苏省、广州市、重庆市、武汉市、临安市等地方省市也出台了对违反土地管理规定的行政问责的暂行办法。

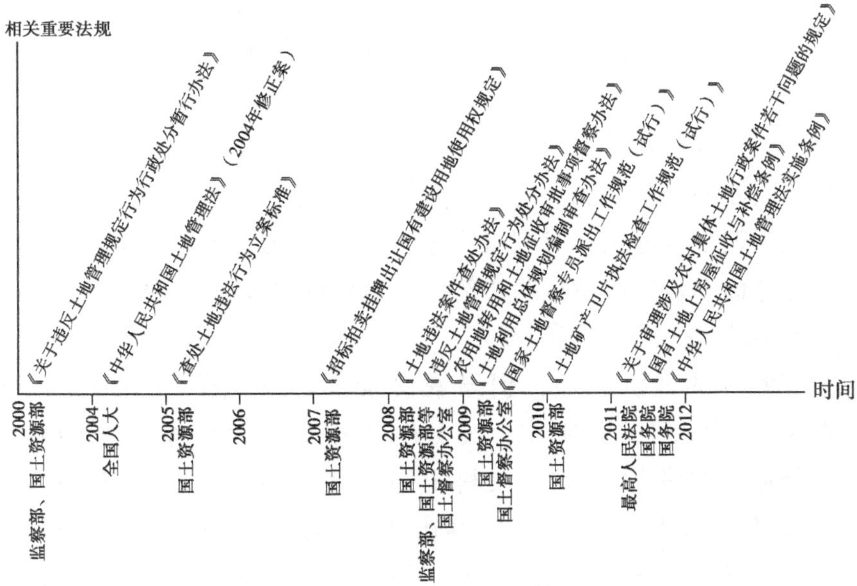

图 6–1　近年来出台或修订涉及地方政府土地违法治理的重要法律文件

根据相关规定，对违规修改土地利用总体规划、行政区域内发生违法批地、违法占地等土地违法行为造成严重后果的地方政府追究有关负责人的责任，包括警告、记过、记大过、降级和撤职处分。在首次土地问责活动中，全国共有 2 个设区市、29 个县（市、区）政府的主要负责人和分管负责人共计 73 名官员被处分，其中最重处分为降级。土地问责制度的建立使土地督察的约束力和权威性增强，对地方政府形成震慑力，从而提高地方政府土地违法行为的治理效果。

6.1.3　调节经济利益关系

在市场经济环境下，地方政府的土地违法行为受经济利益驱使，同时可能损害农民的经济利益。根据客观经济规律调节地方政府和农民的经济利益关系，能够调节和引导土地利用活动，达到治理地方政府土地违法行为的目的。

（1）调节地方政府的经济利益

对地方政府的经济利益进行调整，引导地方政府依法土地行政的手段主要有：在国内部分试点地区已经实施土地开发利益分配改革，压缩土地征收与出让差价，并调整土地出让金的利益分配，进而压缩地方政府土地违法的寻租空间；限制地方政府土地融资平台公司融资规模，压缩土地抵押融资规模降低地方政府高融资债务风险，防止地方政府进一步利用违法土地出让弥补高额债务；[1] 对地方政府进行土地管理绩效评估，并依据评估确定财税奖惩，如深圳市龙岗区对下属部门和街道实施国有土地管理绩效考核，对国有土地管理工作成绩突出的单位给予资金奖励，对考核不合格的单位罚扣部分土地管理财政经费。[2]

（2）调节农民的经济利益

调节农民的经济利益，引导农民发挥治理主体作用的手段主要有：在土地开发利益分配中，充分利用市场价格体系核定国有和集体用地征收补偿标准，或在农村土地征收时以土地入股方式增加农民土地权益，如2005年广东阳春市在一项旅游项目征地中采用农民集体土地入股的方式，被征地农民获得持续土地收益；[3] 设立耕地保护基金，以保护耕地为主要目的，从城市国有土地出让等收入中筹集专项资金，通过财政转移支付，用于对承担耕地保护责任农户的社会保障性补助，实现以经济补助办法手段提高广大农民保护耕地的积极性和主动性，如成都市于2008年7月正式实施耕地保护基金反哺农民的经济措施；[4] 建立土地违法治理的奖惩机制，促进农民治理主体作用发挥，如江西省对举报土地违法行为、协助查处土地违法案件成绩显著的单位和个人，由人民政府或者土地主管部门给予

---

[1] 2011年国土资源部抽查的13个城市中，地方违法违规将公共建筑、基础设施用地和集体土地进行抵押贷款项目涉及土地面积3.65万亩，贷款金额109.96亿元人民币，土地融资债务风险高企。

[2] 龙岗区国有土地管理绩效考核和责任追究办法［Z］.

[3] http：//www.southcn.com/news/gdnews/zhusj/200603300037.htm.

[4] 成都市耕地保护基金筹集与使用管理实施细则（试行）［Z］.

表彰、奖励。❶

6.1.4 其他手段

除土地督察、土地问责、调节经济利益关系外，技术应用、行政体制改革、行政诉讼、宣传教育等手段也是地方政府土地违法行为的有效治理手段。

技术应用。使用卫星遥感和网络技术等手段是应对地方政府土地违法行为日益隐蔽的必然选择。2012 年 7 月，国土资源部正式推进的国土资源遥感监测“一张图”和综合监管平台建设与应用可以实时动态监管土地管理行为、土地市场交易和用地活动。目前的土地卫片执法以遥感监测“一张图”为基础，能够及时发现地方政府违反土地利用总体规划批地和未批先用并改变土地用途的行为，从而进行有针对性的治理。另外，如用地审批行政服务信息平台技术等网络技术的应用能够抑制地方政府违反法律规定程序和权限批地等违法行为，同时也有利于公众参与对地方政府土地违法行为的监督治理。

行政体制改革。例如，江苏、成都等土地制度改革试点地区开展的全面农村土地确权管理、农村集体土地交易管理平台等用行政手段规范地方政府的土地管理行为；2011 年国土资源部对省级国土部门实施“依法行政考核评分”验收，通过行政考核体系改革减少地方政府的土地违法行为。

行政诉讼。当地方政府的土地管理行为失范并侵犯个人和其他组织的合法权益时，依照相关法律采取行政诉讼手段能有效治理地方政府的土地违法行为。如 2007 年浙江省高级人民法院依法受理浙江奉化市 12 位农民起诉浙江省政府违法批准土地项目的案件，并判决 12 位农民胜诉，撤销浙江省政府的违法批地决定❷，从而通过行政诉讼治理地方政府的违法批地行为。

---

❶ 2010 年 11 月 26 日江西省第十一届人民代表大会常务委员会第二十次会议修正的《江西省土地监察条例》[Z].

❷ 中央电视台“新闻会客厅”. 浙江 12 位农民起诉省政府违规批准土地项目胜诉[Z]. 2007-01-11.

宣传教育。通过法制宣传和廉政文化教育，塑造政府工作人员廉洁行政、自觉服务人民的个人价值观，提高政府人员依法行政意识，可以减少地方政府的土地违法行为；开展“国土资源执法卫士”宣传活动，增强民众和社会组织依法监督土地行政的意识，从而抑制地方政府的土地违法行为。

6.2 地方政府土地违法治理手段的特征

6.2.1 以事中监督和事后惩罚为主

第一，现行法律并未明确土地督察地位，造成土地督察机构督察权限不足，督察活动缺乏最高法律依据，对地方政府约束力不强。法律效力不足制约地方政府土地管理规范性的提高，造成对土地违法的事前预防相对薄弱。第二，行政手段作为当前地方政府土地违法治理的主要手段，其适用时间集中在治理阶段和治理后评估及验收阶段，主要表现为事中监督和事后惩罚形式，事前的行政预防手段不足。

调研结果表明，被调查对象对治理手段的成本、难度、公平、效果、效率等方面的感知存在一定的差异。在“花费成本最少”的治理手段选择上，选择宣传教育的最多，占45%，选择卫片航拍的最少，占7%。在“最简单方便”的治理手段选择上，选择经济奖惩的最多，占39%，选择行政体制改革的最少，占8%。在“实施阻力最大”的治理手段选择上，选择行政诉讼的最多，占44%，选择宣传教育的最少，占6%。在“最公开透明”的治理手段选择上，选择行政诉讼的最多，占41%，选择土地问责的最少，占9%。在“花费时间最短”的治理手段选择上，选择经济奖惩的最多，占52%，选择行政体制改革的最少，占11%。在“社会影响最大”的治理手段选择上，选择土地督察的最多，占 59%，选择经济奖惩的最少，占 7%。在“威慑力最大”的治理手段选择上，选择土地问责的最多，占 57%，选择宣传教育的最少，占 5%。

由此可以看出，土地督察和土地问责等行政手段具有明确的针对性，最能发挥治理的威慑性，社会影响力最大，效果较好，但需采用技术手段配合，成本较高，且治理过程中信息披露有限，不够透明。法律手段最公开透明，但法律维权需要严格的程序和较高成本，行政体制改革也需要较长时间，不够简单方便。经济手段简单快捷，但社会认可度较低，效果有待提高。宣传教育手段成本最低，最易实施，但很难形成有效威慑。不同治理手段对地方政府土地违法行为的影响作用各不相同。

6.2.2 以行政和法律手段为主

当前我国地方政府土地违法的治理手段虽然在形式上表现出多样化的特征，但从运用的广泛性和治理的成效看，仍以行政和法律手段为主，经济、技术和教育手段相对欠缺。技术手段在多数情况下发挥的是行政手段的辅助作用，各种治理主体、各级部门采用的技术手段规范化和标准化建设不足，土地数据难以衔接、督察信息传递不畅的情况十分常见，从而影响治理效率。经济手段在市场经济环境中有天然优势，但目前仅在局部地区尝试，对地方政府经济利益调控能力有限，未能充分压缩地方政府土地违法寻租空间，造成运用的广泛性和成效不足。未来，经济手段创新的重要方向在于深化土地财政改革，变土地出让金为土地税，建立地方政府事权与财权相平衡的财政制度。此外，宣传教育等其他治理手段在当前治理中实施频率低且多数情况流于形式，难以独立形成治理成效。

根据地方政府土地违法行为的治理实践，行政手段多适用于治理阶段、治理后评估及验收阶段；法律手段适用于土地违法及治理全过程；技术手段多适用于违法治理阶段、治理后评估及验收阶段；经济手段多适用于违法前阶段、违法阶段及治理阶段。治理手段的时间适用性如图 6-2 所示。

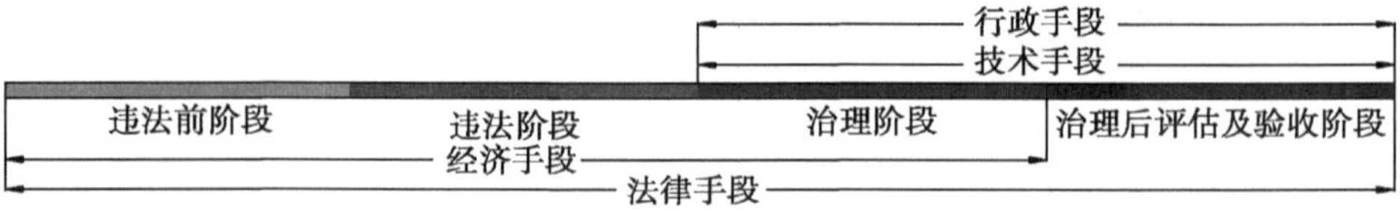

图 6-2　治理手段的时间适用性示意

6.3　地方政府土地违法治理手段的效果

6.3.1　研究方法

由美国麻省理工学院福瑞斯特（Jay W. Forrester）创立于 1956 年的系统动力学（System Dynamics，SD）方法，建立在控制论、系统论和信息论基础上，采取定性与定量相结合的方法，以计算机仿真为手段，适合研究随时间变化的非线性、复杂性、长期性及动态性的复杂系统问题。系统动力学方法根据现实系统的内在关系和历史数据建立动态仿真模型，对各种影响因子可能引起的系统变化进行模拟，主要用于分析信息反馈科学，但在地方政府土地违法治理上的应用尚不多见。

地方政府土地违法治理是一个典型的复杂动态系统。地方政府土地违法行为受经济增长、土地财政、土地腐败、土地出让方式和治理政策等因素影响，治理政策的力度和目标又与耕地保护压力密切相关，各因素相互联系，相互制约，且随时间和空间变化而不断演化，形成一个复杂的动态系统。[1] 系统中不仅存在具有明确相互关系的要素，还

---

[1] 地方政府的土地违法行为分为程序性土地违法和实质性土地违法。其中，程序性土地违法主要表现为地方政府允许国家重点建设工程在批准前提前动工造成的土地违法，应通过加快审批制度改革等办法解决；而在地方利益和地方官员个人利益驱动下的土地违法则往往伴随着腐败滋生，造成法律虚置、耕地减少、农民权益受损、冲突丛生等一系列严重的后果，属于实质性的土地违法，应采取有效手段予以治理。本节以地方政府实质性的土地违法为研究对象进行仿真模拟，暂不考虑程序性的土地违法。

存在一些难以用传统数学方法描述的随机因素和延迟因素，具有非线性的特点。因此，采用系统动力学方法研究地方政府土地违法行为的治理并进行仿真模拟具有可行性。

本节首先根据系统分解原理，明确建模目的，确定系统边界，将所研究的整个系统 S 按研究目的划分为 p 个相互关联的子系统 S_i（i=1，2，…，p），则 $S=\{S_i \mid i=1, p\}$。然后设定每个子系统内部的状态变量、速率变量和辅助变量，形成子系统的基本单元和反馈回路，用以刻画系统内部各变量之间的因果关系。最后通过嵌入参数和变量方程，构建系统流图，以中国内地 31 个省、自治区、直辖市为例进行模型检验。最后调整参数变量，进行模型模拟仿真，得出不同政策变量变动对地方政府土地违法行为治理效果的影响。研究思路如图 6-3 所示。

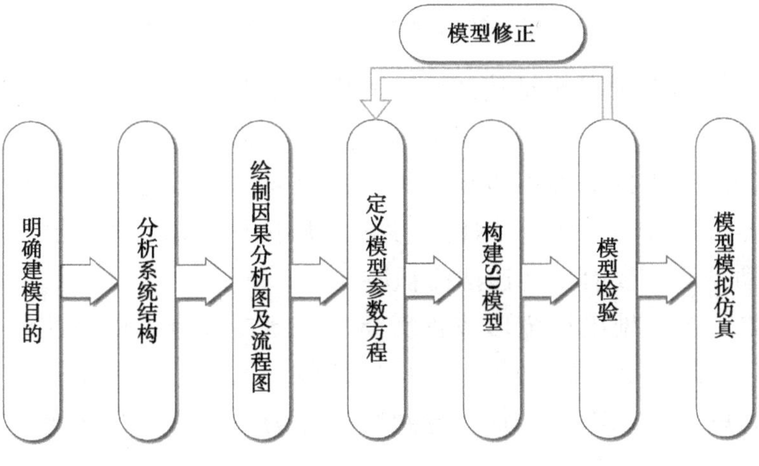

图 6-3 采用系统动力学方法仿真的总体思路

6.3.2 系统结构分析

地方政府土地违法的治理系统由经济子系统、财政子系统、腐败子系统、耕地子系统和治理政策子系统构成，对地方政府土地违法的面积进行预测和控制是系统的核心。❶ 地方政府土地违法治理系统的因

❶ 本节假定地方政府土地违法治理的目的是减少地方政府土地违法的涉案面积。

果关系结构主要反映为以下几组反馈关系（见图 6-4）。

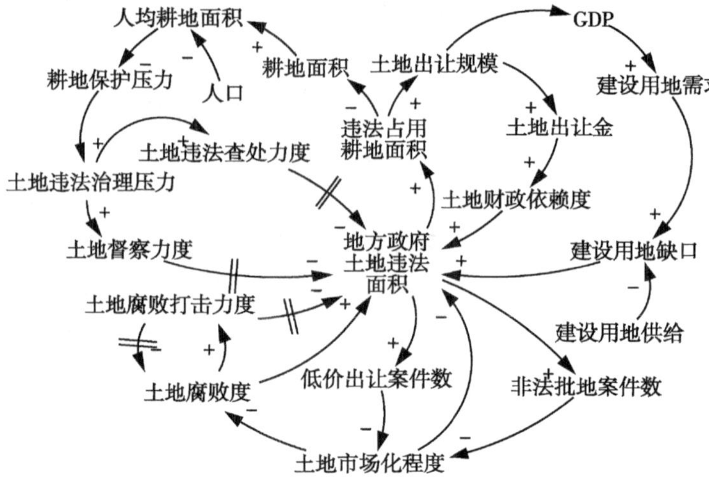

图 6-4　地方政府土地违法治理系统的因果关系❶

（1）地方政府的土地违法涉案面积增加所形成的正反馈链

第一，与地区 GDP 形成正反馈链。地方政府土地违法的涉案面积增加，违法占用耕地面积也随之增加，可供出让的土地面积增加，拉动地区 GDP 增长，使建设用地的供需矛盾更加突出，并导致经济增长目标驱动下地方政府土地违法面积增加。

第二，与土地出让金形成正反馈链。地方政府土地违法的涉案面积增加，土地出让规模增加，土地出让收入增加，土地出让金占地方财政收入的比重也随之增加，导致财政压力下地方政府土地违法面积进一步增加。

第三，与土地腐败形成正反馈链。地方政府土地违法的涉案面积和违法案件数增加，地方政府在违法审批和出让中以权谋私的土地腐败行为也增加，形成一种不良社会风气，进一步使牟取私利目标驱动下地方政府的土地违法面积增加。

❶ 图中的"+"表示正反馈关系，指箭头指向的变量将随着箭头源发的变量的增加而增加、减少而减少；"-"表示负反馈关系，指箭头指向的变量将随着箭头源发的变量的增加而减少、减少而增加。

（2）地方政府的土地违法涉案面积增加所形成的负反馈链

其主要有以下几组：

第一，与土地督察力度形成负反馈链。地方政府土地违法的涉案面积增加，违法占用耕地面积增加，使耕地面积减少，耕地红线受到威胁，在逐渐增加的耕地保护压力下，土地违法的监督力度也逐渐加大，从而抑制地方政府的土地违法。

第二，与土地违法查处力度形成负反馈链。地方政府土地违法的涉案面积增加，社会危害愈加严重，土地违法治理压力加大，中央可能加大对地方政府土地违法行为的查处力度，反过来使地方政府土地违法面积减少。

第三，与土地市场化程度形成负反馈链。地方政府土地违法的涉案面积增加，地方政府土地违法的案件数也增加，土地出让的市场化程度降低，不透明的土地出让方式给地方政府的土地违法创造更多机会，使土地违法面积增加。

6.3.3 系统动力学模型构建

（1）系统流图

根据地方政府土地违法治理系统的结构，以中国内地 31 个省、自治区、直辖市（不含港、澳、台地区）为模型的空间边界，以 1999~2020 年为模型的时间边界，构建地方政府土地违法的系统动力学模型（见图 6-5），模型由 6 个状态变量、7 个速率变量、58 个辅助变量和常量、71 个过程方程组成。

状态变量的基本方程形式为 $L(t)=L_0+\int_0^t(\sum R_{in}(t)-\sum R_{out}(t))\mathrm{d}t$，速率变量的基本方程形式为 $R=f(L,\ Cons\tan t)$，辅助变量的基本方程形式为速率方程的子方程。其中，L 为状态变量，R 为速率变量，$\sum R_{in}(t)-\sum R_{out}(t)$ 采用差分方程形式来表示，即 $L.K=L.J(\sum R.JK_{in}-\sum R.JK_{out}\times DT)$，$L.K$ 为 K 时刻状态变量 L 的值，$L.J$ 为 J 时刻状态变量 L 的值，$R.JK_{in}$ 为流入速率变量 R_{in} 在 J 与 K 之间的值，$R.JK_{out}$ 为流出速率变量 R_{out} 在 J 与 K 之间的值，L（t）为 t 时刻

L 的值，L_0 为 L 的初始值。

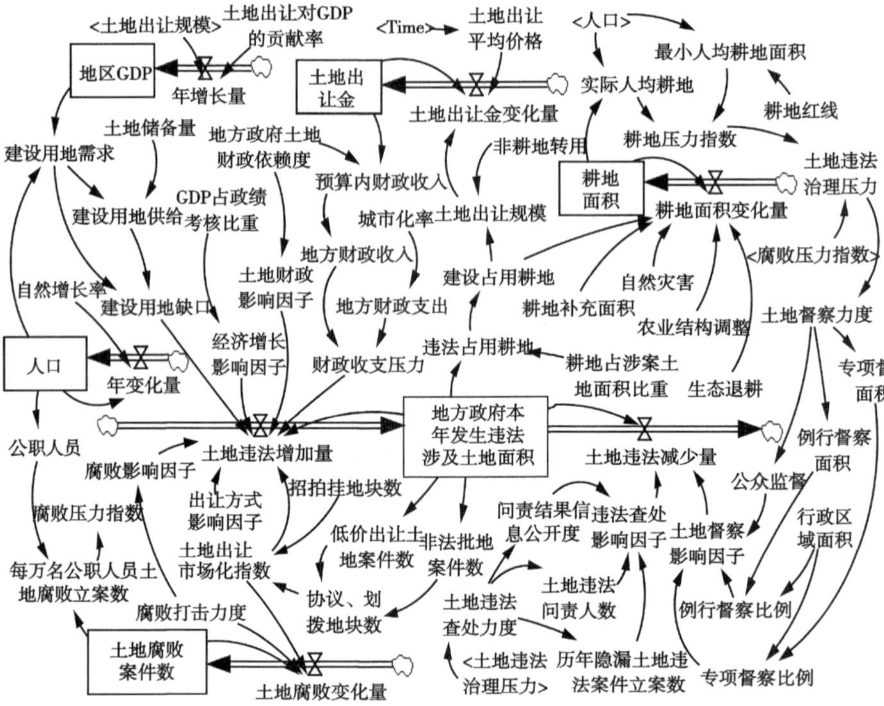

图 6-5　地方政府土地违法行为治理的系统动力学模型

（2）系统参数估计

模型中各流速变量的初始值取 1999 年的数值，模型参数主要根据历史数据，采用算术平均法、趋势外推法、回归预测法、灰色预测法、多次运行修正法等方法拟合得出。其中，地区 GDP、人口、土地出让金等参数根据历史数据采用趋势外推法确定；自然增长率、城市化率等参数采用回归预测法确定；耕地补充面积、农业结构调整面积等参数采用算术平均法求出；腐败影响因子、土地督察影响因子、违法查处影响因子等参数采用多次运行修正法求出；耕地红线等参数根据规划数据确定。

建模采用的历史数据来自《中国统计年鉴（2000~2010）》《中国国土资源统计年鉴（2000~2010）》和《中国检察统计年鉴（2000~2010）》。其中，反映财政收支、经济发展情况及人口等地区基本特征的数据来自《中国统计年鉴》；土地方面的数据，包括土地违法面积、土地出让金、土地出让面积、宗数等来自《中国国土资源统计年鉴》；贪污贿赂立案数来自《中国检察统计年鉴》中各省级人民检察院的年度工作报告；长期目标预测数据主要来自《国民经济和社会发展第十二个五年规划纲要》和《土地利用总体规划（2006~2020）》。其中，重要辅助变量的方程见表6-4。

表6-4 模型重要辅助变量及其方程

变 量	指标方程
建设用地供给	IF THEN ELSE（土地储备量×0.8-建设用地需求×供给影响系数）=0，建设用地需求×供给影响系数，土地储备粮×0.8)
建设用地需求	人口×8.431+GDP×10.156
建设用地缺口	建设用地需求-建设用地供给
财政收支压力	地方财政支出/地方财政收入
耕地压力指数	为保证耕地红线所需的最小人均耕地面积/实际人均耕地面积
专项督察比例	土地专项督察地区行政辖区面积/行政辖区面积
例行督察比例	土地例行督察地区行政辖区面积/行政辖区面积
土地出让市场化指数	(划拨地块数×0+协议地块数×0.2+招拍挂地块数×1）/（划拨、协议地块数+招拍挂地块数)
腐败压力指数	LOG（每万名公职人员贪污贿赂立案数)
土地违法治理压力	耕地压力指数×腐败压力指数

（3）模型检验

首先，为了考察模型的合理性，利用Vensim PLE软件完成模型的结构和量纲的一致性检验，表明模型结构合理；其次，为了检验模型的稳健性，测试模型模拟的敏感程度，选择地方政府土地违法面积、GDP和耕地面积三个变量在不同的时间步长下进行敏感性检验，在不同的时间步长下，三个变量的模拟结果非常相似，说明模型对参数变动不太敏感，具有较强的稳定性，适合仿真预测和政策模拟；最后，为了进一步检验模型的可信性，根据1999~2009年的数据进行历史性检验，选择地方政府土地违法面积、GDP和耕地面积三个变量的仿真值和实际值进行比较，根据表6-5，相对误差均在4%以内，表明模型能较为真实地反映地方政府土地违法的实际情况。

表 6-5　模型主要变量的历史检验

年份	地方政府土地违法面积（千公顷）			土地腐败案件数（件）			耕地面积（千公顷）		
	仿真值	实际值	误差（%）	仿真值	实际值	误差（%）	仿真值	实际值	误差（%）
1999	18.53	18.53	0.00	1 717	1 717	0.00	129 205.5	129 205.5	0.00
2000	22.86	22.65	0.95	1 816	1 821	−0.26	127 499.3	128 243.1	−0.58
2001	20.05	20.21	−0.82	1 823	1 820	0.14	127 079.8	127 615.8	−0.42
2002	19.18	19.89	−3.54	1 758	1 757	0.03	123 297.7	125 929.6	−2.09
2003	36.24	35.73	1.42	1 500	1 508	−0.53	120 776.3	123 392.2	−2.12
2004	36.82	36.15	1.85	1 437	1 469	−2.15	121 452.5	122 444.3	−0.81
2005	32.98	32.36	1.93	1 349	1 388	−2.84	123 755.2	122 082.7	1.37
2006	60.33	61.38	−1.71	1 306	1 357	−3.79	120 801.2	121 800.0	−0.82
2007	61.82	62.33	−0.81	1 328	1 396	−2.88	125 945.3	121 733.3	3.46
2008	33.61	32.52	3.36	1 329	1 382	−3.87	121 083.0	121 715.9	−0.52
2009	27.89	27.59	1.08	1 312	1 366	−3.96	120 817.4	121 644.6	−0.68

6.3.4　仿真模拟

（1）仿真结果分析

以 2009 年为基年，1 年为仿真时间步长，对模型的初始调控变量不加改变，按历史趋势进行模拟，模拟结果见表 6-6。从表 6-6 可以看出，2010~2020 年地区 GDP 持续增长，2020 年达 26 066.76 亿元；土地出让金收入不断增加，2020 年达 17 178.33 亿元；土地腐败案件数不断增加，2020 年增至 1 501 件；腐败压力指数不断加大，由 2010 年的 2.76 增加至 2020 年的 3.01；耕地面积呈递减趋势，2019 年已突破耕地红线，到 2020 年，耕地面积将减少至 119 920.1 千公顷；耕地压力指数持续上升，到 2020 年达 1.12，实际人均耕地面积小于最小人均耕地面积，耕地承受着巨大压力；地方政府土地违法面积呈递增趋势，2020 年将增加至 41.42 千公顷，地方政府土地违法情况不断恶化；违法治理压力指数不断加大，由 2010 年的 2.61 增加至 2020 年的 3.37，治理力度亟待加大。

表 6-6 主要变量模拟结果

年份	地区GDP（亿元）	土地出让金（亿元）	土地腐败案件数（件）	腐败压力指数	耕地面积（千公顷）	耕地压力指数	地方政府土地违法面积（千公顷）	违法治理压力指数
2010	10 049.86	514.28	1 301	2.76	120 680.2	0.94	35.26	2.61
2011	11 054.85	599.45	1 305	2.79	120 662.8	0.94	36.10	2.65
2012	12 160.34	1 295.84	1 314	2.81	120 480.7	0.95	36.83	2.69
2013	13 376.37	2 416.22	1 320	2.83	120 343.5	0.96	37.67	2.73
2014	14 714.01	5 420.65	1 325	2.85	120 276.8	0.97	38.09	2.77
2015	16 185.41	6 410.26	1 331	2.89	120 259.4	0.97	39.04	2.83
2016	17 803.95	5 879.20	1 337	2.91	120 122.1	0.98	39.46	2.86
2017	19 584.34	8 071.65	1 402	2.93	120 055.4	0.99	40.30	2.90
2018	21 542.78	12 212.96	1 406	2.95	120 038.0	0.99	40.72	2.94
2019	23 697.05	10 251.99	1 409	2.99	119 986.8	1.11	41.01	3.31
2020	26 066.76	17 178.33	1 501	3.01	119 920.1	1.12	41.42	3.37

（2）治理方案设计

通过改变系统动力学模型中的政策变量可以分析该政策对系统输出结果的影响。将图 6-5 中起主导作用的土地违法查处力度、土地腐败查处力度、土地违法监督力度、GDP 占政绩考核的比重、地方政府土地财政依赖度和招拍挂占土地出让比例 6 个政策变量作为调控变量，将地方政府土地违法的治理手段分为事后惩罚型、事中监督型、事前预防型和综合治理型 4 类，具体见表 6-7。

表 6-7 治理方案设计

方案名称	治理手段类型	治理政策内容
方案 1	事后惩罚型	加大土地违法查处力度；加大土地腐败的打击力度
方案 2	事中监督型	加大土地违法的督察力度
方案 3	事前预防型	降低 GDP 占政绩考核的比重；降低地方政府土地财政依赖度；提高招拍挂占土地出让的比重
方案 4	综合治理型	结合事前预防、事中监督和事后惩处的多样化手段

方案 1 为事后惩罚性手段，主要通过两方面措施实现：第一，加大土地违法的查处力度，增加土地违法治理的威慑力，提高地方政府

土地违法被查处的风险，进而减少地方政府的土地违法；第二，加大土地腐败的打击力度，增强土地腐败治理的威慑力，进而减少因地方政府官员牟取私利导致的土地违法。

方案2为事中监督型手段，主要通过加大土地违法的督察力度实现。一方面提高土地例行督察和专项督察比例，及时发现和纠正地方政府的土地违法行为；另一方面加大公众参与监督的程度，及时举报地方政府的土地违法行为，从而遏制地方政府的土地违法。

方案3为事前预防型手段，主要通过三项措施实现：第一，降低GDP占政绩考核的比重，减少地方政府因政治激励产生的土地违法；第二，降低地方政府对土地财政的依赖度，减少地方政府因财政激励导致的土地违法；第三，提高招拍挂占土地出让的比例，减少地方政府土地违法和土地腐败的机会，进而从源头减少地方政府的土地违法。

方案4为综合治理型手段，即结合事前预防、事中监督、事后惩处手段进行综合治理。

（3）治理效果仿真

以2009年为基年，1年为时间步长，根据设计的治理方案运行Vensim PLE软件进行反复调控测试，对4种类型的治理手段下地方政府2009~2020年的土地违法情况进行模拟，模拟结果见表6-8和图6-6。

表6-8　不同治理方案的模拟结果

变量名称	2009年（基年）	方案1		方案2		方案3		综合治理	
		2015	2020	2015	2020	2015	2020	2015	2020
地方政府土地违法面积（千公顷）	27.89	30.26	26.59	25.34	23.16	23.12	19.65	21.36	14.21
耕地压力指数	0.931	0.962	0.957	0.911	0.891	0.91	0.889	0.896	0.886
腐败压力指数	2.68	2.38	2.09	2.81	2.87	2.35	2.01	2.13	1.63
土地违法治理压力	2.59	2.29	2.00	2.56	2.56	2.14	1.79	1.91	1.44

根据表6-8和图6-6，采用方案1的事后惩罚型手段，地方政府土地违法面积呈现先增后减的趋势，2015年增至30.26千公顷，其后

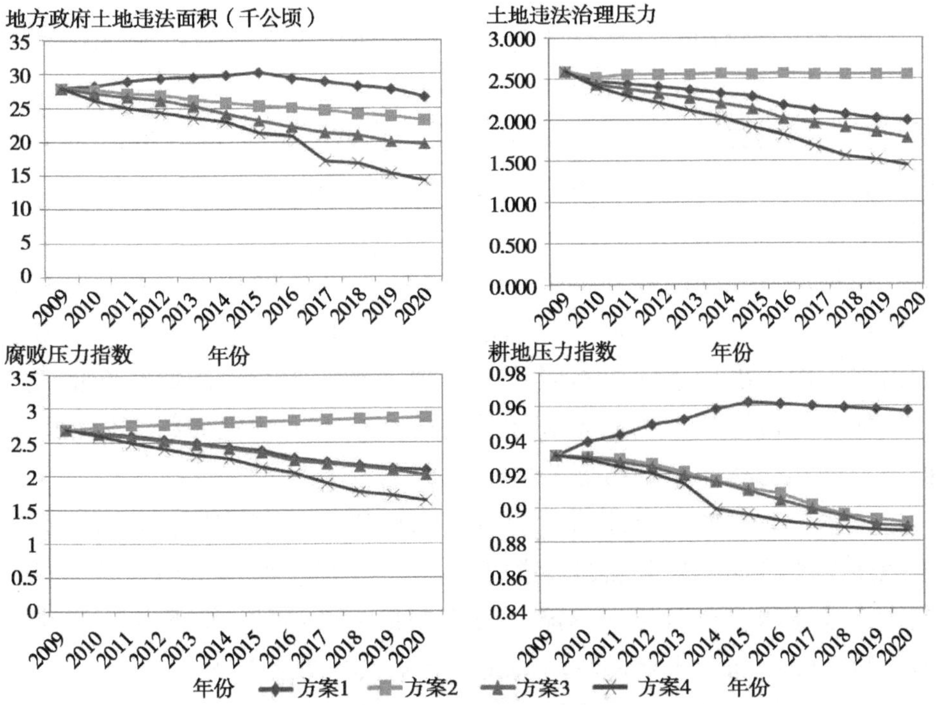

图 6-6 不同治理方案下的主要变量模拟结果

呈减少趋势，2020 年减至 26.59 千公顷，比基期减少 4.66%；耕地压力指数总体上呈上升趋势，2015 年增至 0.962，之后略有下降，2020 年减少至 0.957；腐败压力指数呈递减趋势，2020 年降为 2.09；土地违法治理压力逐渐减小，到 2020 年，将降至 2.00。

采用方案 2 的事中监督型手段，地方政府土地违法面积呈递减趋势，到 2020 年减少为 23.16 千公顷，比基期减少 16.96%；耕地压力指数也呈减少趋势，到 2020 年减少至 0.891；腐败压力指数不断增加，2020 年增加为 2.87；土地违法治理压力呈递减趋势，到 2020 年，将降至 2.56。

采用方案 3 的事前预防型手段，地方政府土地违法面积呈递减趋势，到 2020 年减少为 19.65 千公顷，比基期减少 29.54%；耕地压力指数和腐败压力指数均呈减少趋势，到 2020 年，耕地压力指数将减少为 0.889，腐败压力指数将减少为 2.01；土地违法治理压力也呈递减趋势，到 2020 年，将降至 1.79。

进行综合治理时，地方政府土地违法面积不断减少，到 2020 年减少为 14.21 千公顷，比基期减少 49.05%；耕地压力指数和腐败压力指数均呈递减趋势，到 2020 年，耕地压力指数将减少为 0.886，腐败压力指数将减少为 1.63；土地违法治理压力也不断降低，到 2020 年，将降至 1.44。

从治理方案的内容和模拟结果来看，方案 1 通过加大查处和惩罚力度实行事后惩罚，增强对后期地方政府土地违法行为的约束力和威慑力。但由于事后惩罚具有延迟性，地方政府土地违法面积在前期仍有增加，已被违法占用甚至破坏的耕地往往不能恢复原样，使耕地保护压力增加，从而影响治理效果。

方案 2 通过加大土地违法的督察力度进行过程监督，对地方政府土地违法的治理效果和耕地保护效果较为明显。但由于腐败行为的隐蔽性，政府和公众监督并不能有效抑制地方政府的土地腐败，腐败压力指数不断增加，土地违法治理压力相对其他方案较大。

方案 3 的事前预防型政策从源头治理地方政府土地违法效果显著，但政策实施有赖于政绩考核体系的完善、财政制度和土地出让制度的改革，存在一定的难度。

因此，不同类型治理政策对地方政府土地违法行为的影响路径和影响效果各不相同，结合事前预防、事中监督和事后惩罚的综合治理手段的效果最好，综合治理明显优于单一控制。

6.4 本章小结

本章首先归纳了地方政府土地违法治理手段的类型及特征。地方政府土地违法治理中以行政和法律手段为主，经济、技术和宣传教育等手段相对欠缺。依靠政府行政权力的土地督察、土地问责等手段对治理地方政府土地违法行为具有较强的针对性，但实施成本较大，且以事中监督和事前预防为主，事前预防不足。技术手段的规范性不够，应用经济手段的区域十分有限，宣传教育等其他手段也大多流于形式，效率不高。

然后在分析治理系统结构的基础上，构建地方政府土地违法治理的系统动力学模型，设定包含不同类型治理手段在内的方案并进行仿真模拟，对不同类型手段的治理效果进行评价。仿真结果表明：在以2009年为基点的治理状况下，地方政府土地违法面积将不断增加，耕地压力不断加大。多样化的治理手段能够加大治理力度，提高地方政府土地违法的治理效果。从地方政府土地违法手段的治理效果仿真结果可以看出，不同类型的治理手段对地方政府土地违法均具有一定的遏制作用，但影响路径和治理效果不同。单一的治理手段具有一定的局限性，需要在事前预防、事中监督和事后惩处方面三管齐下，营建多样化综合治理模式，才能有效遏制地方政府的土地违法行为。

7

JIELUN YU ZHANWANG

结论与展望

随着我国经济社会的快速发展、城镇化的不断推进和土地供需矛盾的日益凸显，地方政府默许、纵容和主导下的土地违法问题层出不穷，极大地弱化了中央政府土地调控的政策效力，已成为我国土地管理和社会发展面临的严峻问题，亟待有效治理。随着治理力度的不断加强，地方政府的土地违法行为有所抑制，但总体形势依然严峻。在此背景下，本书对相关概念进行明确界定，应用治理理论、公共选择理论、委托代理理论、前景理论等相关理论，分析地方政府土地违法行为的现状特征及影响因素，并从治理主体、治理对象和治理手段三方面进行深入探讨，寻求实现有效治理的理论支持和现实依据。本书详细的结论已在相关章节中予以总结，本章将主要结论进行归纳，并指出研究的主要创新点、研究缺陷和进一步研究计划。

7.1 研究结论

（1）本书采用统计分析方法从数量规模、空间分布和结构三个方面观察地方政府土地违法行为的现状。从数量规模上看，随着土地违法治理政策力度的不断加强，地方政府土地违法行为的数量规模有所减少，发生频率不断降低，但反弹压力较大，形势依然严峻。从空间布局上看，地方政府土地违法行为的空间分布总体较为分散，局部存在聚集效应。从结构分布上看，地方政府的土地违法行为存在逐渐下移的倾向，以县乡级基层政府为主。

运用1999~2010年中国的省级面板数据构建时空动态面板模型，实证考察现行制度背景下地方政府土地违法行为的主要影响因素。研究发现，地方政府的土地违法行为不仅受经济增长速度、土地财政收入、土地市场化程度、土地违法和腐败的查处力度等因素影响，也受到本地区前期以及相邻政府当期和前期的土地违法状况的影响，存在负面的传染效应。这一结论为地方政府土地违法的治理提供新的视角。对地方政府土地违法行为的治理不仅要考虑本地区当期的经济、财政、制度、法律等一般影响因素，还应通过加大前期土地违法案件的查处力度、惩处力度、完善信息披露机制、建立合理的政绩考核体系、营造良性的社会环境等措施抑制负面的传染效应，减少地方政府土地违法行为的蔓延。

（2）地方政府土地违法的治理主体包括中央政府、省级政府、市、县级政府及其组成部门和非政府主体等类型。当前治理主体以政府为主，社会公众参与相对不足，虽能保证治理的执行及规范，但治理成本较高，完全性、主动性和透明性等方面存在缺失。各级地方政府治理主体结构与权力结构不对称，造成治理主体作用流失和治理成效受到制约等问题。

中央政府与地方政府的博弈结果表明：在以中央政府为中心的地方政府土地违法治理中，非政府主体的参与也必不可少。中央政府、地方政府和非政府主体的三方博弈为地方政府土地违法治理提供重要启示：要实现地方政府土地违法行为的有效治理，中央政府应制定严厉的制度和政策，加大对地方政府和用地企业土地违法行为的监督力度、查处力度和惩罚力度，以形成较大威慑；非政府主体参与监督也十分必要，既能扩宽监督渠道，降低中央政府的治理成本，又能给中央政府施加一定压力，敦促其严加治理。

因此，应从两个方面调整治理主体的结构关系：第一，探索新形式的治理主体，发挥不同主体的优势禀赋，充分发挥农民、非政府组织、网络、媒体等社会主体参与治理的作用，增强各主体的主动治理意识，构建立体化监督渠道，实现治理主体多元化；第二，加强治理主体目标联系，适当下移治理权力重心，调整治理主体的权力结构关系，形成治理主体间的有效协作。

（3）地方政府土地违法的治理对象主要包括四类：一是违反法律规定程序征地、违反法律规定权限征地以及在征地过程中侵占、挪用征地补偿费和其他有关费用等违法征地行为；二是无权或越权批地、突破规划设立和扩大开发区、违反规定出让方式和土地供应政策批地和“以租代征”批地等违法批地行为；三是低价出让土地行为；四是违规调整土地利用总体规划和违规利用土地抵押贷款等其他违规违法行为。

地方政府土地违法的治理对象主要具有两方面特征：第一，治理对象在判断标准和时间上具有不确定性。第二，治理对象越来越具有隐蔽性，主要体现在其对企业违法占地的默许和推动。地方政府默许企业违法用地的博弈分析表明，地方政府土地违法行为治理对象的隐蔽性大大增加查处难度，进一步助长地方政府的土地违法行为。

本书在分析现有治理对象组成特征的基础上，采用微观调研数据，构建结构方程模型并进行实证检验，分析当前地方政府土地违法治理对象的行为动机。研究结果表明：一方面，治理对象的不确定性会弱化地方政府对治理力度的感知，应通过法律明确界定地方政府土地违法行为的治理对象。另一方面，仅针对“行为”本身进行治理具有局限性，在一定程度上影响治理效果。应考虑地方政府土地违法行为的行为动机，将地方政府的政绩考核标准、财政分权制度、土地审批程序、土地规划体制、地方政府土地违法产生的社会环境、地方政府工作人员法律意识和道德感、地方官员的土地腐败等作为治理对象进行综合治理。

（4）地方政府土地违法的治理手段主要包括土地督察、土地问责、调节经济利益关系和其他手段等，不同治理手段适用于治理的不同阶段，以行政和法律手段为主，其他手段相对欠缺，以事中监督和事后惩罚为主，事前预防不足，偏重对违法行为本身的治理，对土地违法造成后果的治理不足。

本书采用系统分析方法，基于我国31个省、市（区）的数据构建地方政府土地违法治理的系统动力学模型，拟定不同的治理方案并进行仿真模拟，评价不同类型手段的治理效果，为地方政府土地违法治理研究提供一种新的模式。地方政府土地违法治理仿真模型历史检验的相对误差在4%以内，表明模型具有可靠性，地方政府土地违法行为的治理效果适合用系统动力学方法进行研究。

设计事前预防型、事中监督型和事后惩处型三种治理方案，通过调整治理手段参数对不同治理方案下地方政府土地违法面积的演变趋势进行情景模拟，以实现对不同手段的治理效果评价。研究结果表明：不同类型的治理手段对地方政府土地违法均具有一定的遏制作用，但单一的治理手段具有一定的局限性，需要在事前预防、事中监督和事后惩处方面三管齐下，采用多样化综合治理手段，才能有效提高地方政府土地违法的治理效果。

7.2 研究创新点

（1）建构地方政府土地违法治理的综合分析框架。由于地方政府土地违法治理的研究成果比较零散，涉及面较窄，尚未形成比较完整的理论体系，本书在界定地方政府土地违法行为治理内涵，找出地方政府土地违法行为现状特征的基础上，建立包含治理主体、治理对象和治理手段三个层面的综合分析框架：在分析治理主体结构的基础上分析主要治理主体之间的博弈关系，并提出优化治理主体的对策建议；基于对治理对象构成和特征的充分认识，分析地方政府土地违法治理对象的行为动机，并找出潜在治理对象；对治理手段进行分类，并分析现有手段的总体特征和治理效果。该分析框架为地方政府土地违法治理研究提供一个较为科学的研究范式，推动地方政府土地违法治理研究由零散向系统转变。

（2）探索出适合地方政府土地违法治理研究的分析方法，为地方政府土地违法治理研究提供系统的定量分析工具。已有针对地方政府土地违法行为影响因素的实证研究多采用面板数据模型，忽略时间滞后性和空间相关性的影响，本书建立包含空间自相关项、时间自相关项和时空自相关项的时空动态面板模型，首次用于分析地方政府土地违法行为的影响因素。构建中央政府、地方政府和非政府主体的博弈模型，系统分析主要治理主体在治理过程中的博弈路径。从行为经济学视角建立包含行为倾向、风险感知、正向激励、反向阻碍指标的结构方程模型，用于分析现有治理对象的行为动机。首次采用系统动力学方法构建地方政府土地违法治理的仿真模型，用于评价不同类型手段的治理效果。

（3）提出地方政府土地违法治理的有效举措。通过分析治理主体的类别、结构和主要治理主体间的博弈路径，提出实现多元治理主体，发挥社会治理力量，增强主动治理意识，加强主体间有效联系的优化方案；在找出现有治理对象的组成、特征及行为动机的基础上，提出实现有效治理既需对“行为”本身进行治理，还需对制度环境、社会环境、地方政府工作人员素质、土地腐败等进行治理；通过对治理手段影响路径和影响效果的分析，提出采取多样化治理手段，营建综合治理模式的合理建议。据此，从治理主体、治理对象和治理手段等方面探求地方政府土地违法行为的有效治理对策，为地方政府土地违法的治理政策修订提供科学依据。

7.3 研究缺陷

本研究在理论和实证部分仍存在一些不足，有待在后续研究中进一步改进。

（1）案例库构建有待进一步完善。本书利用网络平台搜集 280 例典型治理案例，并据此归纳出治理主体、治理对象和治理手段的现状特征。然而，受网络涉猎面和个人能力所限，所选案例只是实际治理中的一小部分，可能导致归纳的规律性结论在精确解释现实情况方面存在不足，但总体上能反映治理实践的基本情况。

（2）实证数据需要进一步补充。本书用于实证分析的微观数据来源于调研问卷，由于问卷设计、调研方法存在一定的缺陷，难以保证完全挖掘被访者的真实想法；受调查成本和被访者配合程度的制约，调研样本量有限，有效问卷为 274 份。两方面的不足均可能对研究结果产生影响。

（3）研究结论具有一定的局限性。囿于市级及县级层面统计数据的获取困难，本书进行地方政府土地违法行为的影响因素分析时，仅采用省级层面的面板数据，未能对不同层级的地方政府进行区分。受个人能力所限，为简化分析，构建主要治理主体的博弈模型时假定地方政府只有一级，忽略了不同层级地方政府土地违法行为特征的差异性。由于数据限制和仿真误差，不同手段治理效果的模拟结果可能与现实存在一定差距。由此可能导致研究结论具有一定的局限性，但仍可为地方政府土地违法的治理实践提供参考。

7.4 研究展望

除对上述不足进一步完善外，在后续研究中还有一些方面值得深入探索。

（1）不同级别地方政府在不同经济发展阶段土地违法行为存在一定的差异性，通过区分调研对象，选取具有代表性和说服力的指标，设计有针对性的调研问卷，进一步探索不同区域不同层次地方政府土地违法治理对象的差异及治理策略，可以增加地方政府土地违法治理的区域和层级比较分析，为制定差别化治理政策提供更全面的依据。

（2）地方政府土地违法行为治理本身需要成本，而治理的“最佳点”就在治理绩效和成本的平衡之处。通过实地调研和筛选地方政府土地违法治理绩效的评价指标，构建地方政府土地违法治理绩效评价体系，可以进一步从政策演变和微观反馈角度对地方政府土地违法的治理绩效进行实证分析。

参考文献

CANKAO WENXIAN

[1] Aaberge R, Langorgen A. Fiscal and spending behavior of local governments: identification of price effects when prices are not observed [J]. Public Choice, 2003, 117 (1): 125-161.

[2] Aaron. Who pays the property tax?: A new view [M]. Brookings Institution, 1975.

[3] Abraham M. Law, religion and human rights in Zambia: the past, present and the practice: focus: the foundations and future of law, religion and human rights in Africa [J]. African Human Rights Law Journal, 2008, 8 (2): 546-567.

[4] Alan W. E. Economics. Real estate and the supply of land, Real estate issues series [M]. RICS. Oxford, U. K. and Malden, 2004.

[5] Alberini A., Longo A. Public Preferences for Land uses' changes-valuing urban regeneration projects at the Venice Arsenale [M]. Anna Alberini, 2005.

[6] Alexandra B. Measuring the costs of exchange [J]. International society for New Institutional Economics, 1998 (2): 17-19.

[7] Alexandre R., Gilles D. A relational indicator model for urban land-use planning and management: methodological approach and application in two case studies [J]. Landscape and Urban Planning, 2006 (77): 196-215.

[8] Alina O. Inequality and Isolation: The Impact of Economic Disparity on Community Attitudes [C]. Midwestern Political Science Association, 2006 (1).

[9] Ambrose B. W. Force development and urban land prices [J]. The Journal of Real Estate Finance and Economics, 2005 (30): 245-265.

[10] An G. Three essays on the impacts of land-use regulations and land development [C]. West Virginia University, 2005.

[11] Anderson A. J. Zoning and Land Use [J]. SMU Law Review, 2005

(58): 1066-1271.

[12] Andrew G. W. Local governments as industrial firms: an organization analysis of China's transitional economy [J]. American Journal of Sociology, 1995 (2): 263-301.

[13] Angelsen A. Playing games in the forest: state local conflicts of land appropriation [J]. Land Economics, 2001, 77 (2): 285-299.

[14] Ann Abraham. The future in international perspective: the Ombudsman as agent of rights, justice and democracy [J]. Parliamentary Affair, 2008, 61 (4): 681-693.

[15] Arellano M. Some tests of specification for panel data: Montecarlo evidence and an application to employment equations [J]. Review of Economic Studies, 1991, 58 (2): 52-70.

[16] Araby M. M. The role of the state in managing urban land supply and prices in Egypt [J]. Habitat International, 2003 (27): 429-458.

[17] Azyumardi A. Islamic Thought: Theory, Concepts and Doctrines in the Context of Southeast Asian Islam [J]. Islam in Southeast Asia: Political, 2005: 3-21.

[18] Baum R. State of the state: paradox of China's post Mao reforms [M]. New York: Harvard University Press, 1999.

[19] Brueckner J. K. Government land use interventions: an economic analysis [C]. The 4th Urban Research Symposium, World Bank, Washington, D. C., 2007.

[20] Bengston D, Fletcher J. Public policies for managing urban growth and protecting open space: policy instruments and lessons learned in the United States [J]. Landscape and Urban Planning, 2004, 69 (2-3): 271-286.

[21] Bikhchandani S., Hirshleifer D. Learning from the behavior of others: Conformity, fads, and informational cascades [J]. Journal of Economic Perspectives, 1998 (12): 151-170.

[22] Blanchard O., Andrew S. Federalism with and without political centralization: China vs Russia [J]. IMF Staff Papers, 2001 (48): 171-179.

[23] Blecher M. Developmental state, entrepreneurial state: the political economy of socialist reform in Xinju municipality and Guang county [J]. Institute of International Relations, 1991 (41): 267-269.

[24] Blundell R. Initial conditions and moment restrictions in dynamic panel data models [J]. Journal of Econometrics, 1998, 87 (1): 40-59.

[25] Bin D., Uwe D., Torgler B. Conditional corruption [J]. Journal of Economic Psychology, 2012 (33): 609-627.

[26] Bo Z. Chinese provincial leaders: economic performance and political mobility, since 1949 [M]. New York: M. E. Sharpe, 2002.

[27] Bollen K. Structural equations with latent variavles [M]. New York: Wiley, 1989.

[28] Brandt L., Rozelle S., Turner M. Local government behavior and property right formation in rural China [J]. Journal of Institutional and Theoretical Economics JITE, 2004, 160 (4): 627-662.

[29] Brueckner J. K. Strategic Interaction among Governments [J]. A Companion to Urban Economics, 2007 (20): 332-347.

[30] Bruns D. F. W., Schmidt J. A. City edges in Germany: quality growth and urban design [J]. Landscape and Urban Planning, 1997 (36): 347-356.

[31] Bryant C. R., Russwurm L. H. The city's countryside: land and its management in the rural-urban fringe [M]. Longman, 1982.

[32] Buchanan J. Political Philocophy, Jean Hampon [J]. Economics and Philosophy, 1998, 14 (1): 131-135.

[33] Buitelaar E. Window on The Netherlands: Cracks in The Myth: Challenges to Land Policy in the Netherlands [J]. Tijdschrift Voor Eco-

nomic en Sociale Geografie, 2010, 101 (3): 349–356.

[34] Campbell R. J. Leviathan and fiscal illusion in local government overlapping jurisdictions [J]. Public Choice, 2004, 120 (3): 301–329.

[35] Cai H., Vernon H., Zhang Q. China's land market auction: evidence of corruption [N]. NBER Working paper 15067, 2009.

[36] Cai H., Treisman D. Does competition for capital discipline governments? Decentralization, globalization and public policy [J]. The American Economic Review, 2005, 95 (3): 817–830.

[37] Cheshirea P., Sheppard S. The welfare economics of land use planning [J]. Journal of Urban Economics, 2002 (52): 242–269.

[38] Cocklin C., Mautner N., Dibden J. Public policy, private landholders: perspectives on policy mechanisms for sustainable land management [J]. Journal of Environmental Management, 2007 (85): 986–998.

[39] Crecine, John P. Urban affairs annual reviews [M]. Sage Publications, 1967.

[40] Cronbanch L. J. Coefficient α and the internal structure of tests [J]. Psychometrika, 1951, 16 (3): 297–334.

[41] Daniel P. M., John F. M. Urban land value functions with endogenous zoning [J]. Journal of Urban Ecnomics, 1991, 29 (1): 14–27.

[42] Daudelin J. Foreign Policy at the Fringe: Canada and Latin America [J]. International Journal, 2003, 58 (4): 637–666.

[43] Davis O. A. Economic Elements in Zoning Decisions [J]. Land economics, 1963, 39 (4): 375–386.

[44] Delegation of the Netherlands. Land use policy in the Netherlands [J]. Habitatintl, 1980 (4): 547–553.

[45] Deng F. F. China's urban land reform, urban productivity, and local

government behavior [J]. Contemporary Chinese Society and Politics, 2003, 44 (3): 210-227.

[46] Devy B. Land values and planning law: the German practice [C]. XIII AISOP Congress in Bergen, 1999.

[47] Dieudonne A., Robert A. K. Illegal logging in Cameroon: causes and the path forward [J]. Forest Policy and Economics, 2010, 12 (8): 554-561.

[48] Ding C. Land policy reform in China: assessment and prospects [J]. Land Use Policy, 2003, 20 (2): 109-120.

[49] Ding C. R. The Benchmark Land Price System and Urban Land Use Efficiency in China [J]. Chinese Geographical Science, 2001, 11 (4): 306-314.

[50] Dowall D. E., Monkkonen P. Consequences of the plano piloto: the urban development and land markets of Brasilia [J]. Urban Studies, 2007 (44): 1871-1887.

[51] Dransfeld E. German experiences according to the interrelations between the planning system, the different land development procedures and the formation of land values [C]. Lincoln Institute of Land Policy Conference Paper, 2001.

[52] Evans A.W.The land market and government intervention [J]. Handbook of Regional and Urban Economics, 1999 (6): 1637-1669.

[53] Elhorst J. P. Dynamic Panels with Endogenous Interaction Effects when T is Small [J]. Regional Science & Urban Economics, 2010, 40 (5): 272-282.

[54] Feiock R., Tavares, Mark L. Policy Instrument Choices for Growth Management and Land Use Regulation [J]. Policy Studies Journal, 2008, 36 (3): 461-480.

[55] Fellman D. Book Reviews: Politics in America [J]. Political Research Quarterly, 1955, 8 (3): 515-516.

[56] Feltenstein A., Iwata S. Decentralization and macroeconomic performance in China: regional autonomy has its costs [J]. Journal of Development Economics, 2005, 76 (2): 481-501.

[57] Gbewopo A. Is corruption contagious? An econometric analysis [N]. NUPI Working Paper 742, 2008.

[58] Gengaje R., Sterry E. A model for developing agro enterprises among farm women in Asia [J]. Journal of Rural Development, 1992, 11 (5): 545-571.

[59] Glaeser E. L. Housing supply and housing bubbles [J]. Journal of Urban Economics, 2008 (64): 58-77.

[60] Glaeser E., Gyourko J. Urban Decline and Durable Housing [J]. Journal of Political Economy, 2005, 113 (2): 345-375.

[61] Goel R. K., Nelson M. A. Are corrupt acts contagious? Evidence from the United States [J]. Journal of Policy Modeling, 2008 (29): 839-850.

[62] Hafiz A. P. Maximum Lot Size Zoning in Developing Countries [J]. Urban Studies, 1992, 29 (7): 1173-1181.

[63] Hazarika S. Land, conflict, identity in India's north-east: negotiating the future [J]. Futures, 2004, 36 (6-7): 771-780.

[64] Holmstrom B., Milgrom P. Multitask principal-agent analyses: incentive contracts, asset ownership, and job design [J]. Journal of Law, Economics and Organization, 1991 (7): 24-52.

[65] Ho P. Who owns China's land? Policies, property rights and deliberate institutional ambiguity [J]. The China Quarterly, 2001 (3): 394-421.

[66] Jarchow S. P. The King of Syndications [J]. Real Estate Review, 1984, 13 (4): 26-30.

[67] Jin H., Qian Y., Weingast B. Regional Decentralization and Fiscal Incentives: federalism, Chinese style [J]. Journal of Public Eco-

nomics, 2005 (89): 1719-1742.

[68] Kala S. S. Impact of Land Use Regulations: Evidence from India's Cities [J]. Urban Studies, 2010, 47 (7): 1541-1569.

[69] Khan M. N. Vajpayee's visit to Iran: Indo-Iranian relations and prospects of bilateral cooperation [J]. Strategic Analysis, 2001, 25 (6): 765-779.

[70] Kirkham R. A Complainant's View of the Local Government Ombudsman [J]. Journal of Social Welfare and Family Law, 2005, 27 (3-4): 383-394.

[71] Klitgaard R. Combating Corruption [J]. UN Chronicle, 1998, 35 (1): 90.

[72] Koethenbuerger M. How do local governments decide on public policy in fiscal federalism? Tax vs. expenditure optimization [J]. Journal of Public Economics, 2011, 95 (11): 1516-1522.

[73] Landry S. The impact of land development regulation on residential tree cover: An empirical evolution using high-resolution IKONOS imagery [J]. Landscape and Urban Planning, 2010, 34 (2): 94-104.

[74] Laurence J. D. High Anxiety in the Andes [J]. Journal of Democracy, 2001, 12 (2): 5.

[75] Lee S. Y. Structural equation modelling: a bayesian approach [M]. New Jersey: Wiley, 2007.

[76] LeSage J. P., Dominguez M. The importance of modeling spatial spillovers in public choice analysis [J]. Public Choice, 2012, 150 (3): 525-545.

[77] Li H., Li A. Political turnover and economic performance: the incentive role of personal control in China [J]. Journal of Public Economics, 2005 (89): 1743-1762.

[78] Lin G. C. S, Ho S. P. S. The state, land system, and land devel-

opment processes in contemporary China [J]. Annuals of the Association of American Geographers, 2005 (95): 411-436.

[79] Lloyd M. G., Peel D. Shaping and designing model policies for land use planning [J]. Land Use Policy, 2007 (24): 154-164.

[80] Macedo M. L. Water quality variability and entropic trends in Kerstin tropical coastal lagoons of the Yucatan Peninsula [J]. Estuarine Coastal and Shelf Science, 2008, 76 (2): 418-430.

[81] Magel H. Land policy and land management in Germany [M]. Melbourne: Lecture in Melbourne, 1983.

[82] Mark W. S. Agricultural land protection in China: a case of local government in Zhejiang province [J]. Land Use Policy, 2001 (18): 329-340.

[83] Marten O. Protecting the integrity and independence of the Ombudsman Institution: the global perspective [C]. 7th International Ombudsman Institute, 2000.

[84] Maskin E., Qian Y., and Xu C. Incentives, information, and organizational form [J]. Review of Economic Studies, 2000 (67): 359-378.

[85] Minako Y. T. Regulation of monocyte chemoattractant protein (MCP) -1 production by interleukin-18 in human endothelial cells: A critical role for the IL-18/IL-18 receptor system in atherosclerosis [J]. Journal of Molecular and Cellular Cardiology, 2002, 34 (10): 31.

[86] Montinola G., Qian Y., Weingast. Federalism. Chinese style: the political basis for economic success in China [J]. World Politics, 1995, 48 (1): 50-81.

[87] Needham B. Dutch land use planning [M]. The Hague: Sdu Uitgevers, 2007.

[88] Nee V. Organizational dynamics of market transition: hybrid forms,

property rights, and mixed economy in China [J]. Administrative Science Quarterly, 1992, 37 (1): 1-27.

[89] Nigel K. Transactions costs and agricultural household supply response [J]. American Journal of Agricultural Economics, 2000, 82 (2): 245-259.

[90] Niskanen W. A. Advice from a Friendly American on the Proposed Constitution for the European Union [J]. Rivista di Politica Economica, 2004, 94 (4): 19-28.

[91] Oates, Wallace E. Fiscal federalism [M]. New York: Harcourt Brace Jovanovich, 1972.

[92] Oi J. Role of the local state in China's transitional economy [J]. China Quarterly, 1995 (144): 1132-1149.

[93] Oi J. Fiscal reform and the economic foundation of local state corporatism [J]. World Politics, 1992, 45 (1): 99-126.

[94] Oi J. Rural China Takes Off: institutional foundations of economic reform [M]. University of California Press, 1999.

[95] Peterson, Richard E. Institutional goals and curriculum planning [J]. Findings, 1974, 1 (2): 5-8.

[96] Qian Y., Weingast B. China's transition to markets: market preserving federalism, Chinese style [J]. Journal of Policy Reform, 1996, 1 (2): 149-185.

[97] Qian Y. Federalism as a commitment to market incentives [J]. Journal of Economic Perspectives, 1997, 11 (4): 83-92.

[98] Qian Y., Roland G. Federalism and the soft budget constrain [J]. American Economic Review, 1998 (88): 1143-1162.

[99] Ran T., Su F., Liu M. Land leasing and local public finance in China's regional development: evidence from prefecture-level cities [J]. Working Paper for PKU-Lincoln Center, 2010, 47 (10): 2217-2236.

[100] Rauch J. E. Bureaucracy, infrastructure, and economic growth: evidence from U. S. cities during the progressive era [J]. American Economic Review, 1995, 85 (4): 968-979.

[101] Razin E. Policies to control urban sprawl: planning regulations or changes in the "rules of the game"? [J]. Urban Studies, 1998 (35): 312-340.

[102] RePetti A., Desthieux G. Relational Indicator set Model for urban land-use planning and management: Methodological approach and application in two case studies [J]. Landscape and Urban Planning, 2006, 77 (1-2): 196-215.

[103] Rhodes R. The new governance: governing without government [J]. Political Studies, 1997 (44): 652-667.

[104] Richard K. A complainant's view of the local government Ombudsman [J]. Journal of Social Welfare and Family Law, 2005 (27): 383-394.

[105] Rolleston B. S. Determinants of restrictive suburban zoning: An empirical analysis [J]. Journal of Urban Ecnomics, 1987, 21 (1): 1-21.

[106] Roodman D. How to do xtabond: an introduction to "Difference" and "System" GMM in stata [C]. Center for Global Development Working Paper, 2006 (103): 86-136.

[107] Sappington D. Incentives in princi pal-agent relationships, Journal of Economic Perspectives, 1991 (5): 45-66.

[108] Shelanski H. Empirical research in transaction cost economics: a review of the evidence [J]. Journal of Law, Economics and Organization, 1995, 11 (2): 168-185.

[109] Simonotti. Local land finance in China's urban expansion: challenges and solutions [J]. China & World Economy, 2008 (2): 19-30.

[110] Singh K. Rural economy of Mizoram NEH region of India: Value of

output, livelihoods, capital expenditure, assets, indebtedness, and farmers' situation [J]. Agricultural Economics Research Review, 2006 (19): 190.

[111] Skinner M. W. Agricultural land protection in China: a case study of local governance in Zhejiang Province [J]. Land Use Policy, 2001, 18 (4): 329-340.

[112] Skouras A. The Non-Neutrality of Land Taxation [J]. Public Finance, 1978, 33 (1-2): 113-134.

[113] Spiegelhalter D. G., Best N. G., Carlin B. P., Linde A. V. D. Bayesian measures of model complexity and fit (with discussion) [J]. Journal of the Royal Statistical Society: Series B (Statistical Methodology), 2002, 64 (4): 583-639.

[114] Straub S. Regulatory Intervention, Corruption and Competition [J]. Review of Industrial Organization, 2009, 35 (1-2): 123-148.

[115] Stull W. J. Community Environment, Zoning and the Market Value of Single-Family Homes [J]. The Journal of Law and Economics, 1975, 18 (2): 112-132.

[116] Tommy F. Land conversion and urban development in the northern region of west Java, Indonesia [J]. Urban Studies, 1997, 34 (7): 1027-1046.

[117] Tan R., Qu F. The impact of current China's land market structure on farmland conversion and social welfare change [C]. International conference on "Sustaining Growth? Economic Transition and Natural Management in East and Southeast Asia", Ho Chiming City, 2007.

[118] Tobler W. On the First Law of Geography: a Reply [J]. Annals of the Association of American Geographers, 2004 (94): 304-310.

[119] Tracy Terry. Corruption and Development: The Anti - Corruption Campaigns [J]. Journal of international development: The Journal of the development studies association, 2010, 22 (1): 150-151.

[120] Tsui K., Wang Y. Between separate stoves and a single menu: fiscal decentralization in China [J]. China Quarterly, 2004 (177): 71-90.

[121] Valk A. V. D. The Dutch planning experience [J]. Landscape and Urban Planning, 2002 (58): 201-210.

[122] Verberg P. H. Simulation of changes in the spatial pattern of land use in China [J]. Applied Geography, 1999 (19): 211-233.

[123] Vink B., Burg V. D. A. New Dutch special planning policy creates space for development [J]. NSL. Network City and Landscape, 2006 (164): 1-10.

[124] Vlist M. J. V. D. Land use planning in the Netherlands: finding a balance between rural development and protection of the environment [J]. Landscape and Urban Planning, 2006 (41): 135-144.

[125] Walder A. G. Local governments as industrial firms: an organizational analysis of China's transitional economy [J]. American Journal of Sociology, 1995, 101 (2): 263-301.

[126] Walker K. M. From Covert to Overt: everyday peasant politics in China and the implications for transnational agrarian movements [J]. Journal of Agrarian Change, 2008, 8 (2): 462-488.

[127] Wallace. The Market Effects of Zoning Undeveloped Land: Does Zoning Follow the Market? [J]. Journal of Urban Economics, 1988, 23 (3): 307-312.

[128] Wasilewski A., Krukowski K. Land Conversion for Suburan Housing: A Study of Urbanization Around Warsaw and Olsztyn, Poland [J]. Environmental Management, 2004, 34 (2): 291-303.

[129] Wang H. Y. A study of transportation planning model for developing area [C]. Hong Kong Polytechnic (People's Republic of China), 2002.

[130] Whiting S. Power and wealth in rural China: the political economy of institutional change [M]. Cambridge University Press, 2001.

[131] Williamson, Oliver E. Markets and hierarchies: some elementary Considerations [C]. Papers and Proceedings of the Annual Meeting, 1973: 316-325.

[132] Wing S. T., Him C. Rural-urban transition in China: illegal land use and construction [J]. Asia Pacific Viewpoint, 2002, 43 (1): 43-62.

[133] Yukio N. On the Neutrality of the Property Tax [J]. Land Economics, 1982, 58 (3): 383-390.

[134] Zaslavsky I, Naimark N. The concept and implementation of the urban planning Cadastre in Russia [J]. Geographic Information, 2004, 12 (2): 229-247.

[135] Zhang T. Land market forces and government's role in sprawl [J]. Cities, 1997 (17): 123-135.

[136] Zhang X. A Comment on "the Third Route" of the Western Countries in the Present Age [M]. Journal of Tangshan Polytechnic College, 2000.

[137] Zegarac Z. Illegal construction in Belgrade and the prospects for urban development planning [J]. Cities, 1999, 16 (5): 365-370.

[138] Zhou L. Career concerns, incentive contracts, and contract renegotiation in the Chinese political economy [D]. Stanford University, 2002.

[139] Zhu J. A transitional institution for the emerging land market in urban China [J]. Urban Studies, 2005, 42 (8): 1369-1390.

[140] 奥尔森. 集体行动的逻辑 [M]. 上海: 上海人民出版社, 1995.

[141] 毕继业, 朱道林, 邹晓云. 政府内部土地收益分配的博弈分析 [J]. 中国土地科学, 2003 (2): 3-7.

[142] 操小娟. 土地利益调整中的地方政府行为分析 [J]. 中国软科学，2004 (5)：11-15.

[143] 操小娟. 地方政府土地违法行为的治理与制度创新 [J]. 中国地质大学学报（社会科学版），2009 (2)：53-57.

[144] 陈昌智. 浅析当前土地违法的表现方式及遏制措施 [J]. 经济界，2007 (1)：8-12.

[145] 陈刚. 社会福利支出的犯罪治理效应研究 [J]. 管理世界，2010 (10)：75-86.

[146] 陈海秋，姜爱林. 土地违法行为中的非法所得问题探讨 [J]. 中国土地科学，1994 (6)：35-38.

[147] 陈海秋，姜爱林. 土地违法行为的认定与处罚 [J]. 法学杂志，1994 (4)：10-11.

[148] 陈红霞，赵振宇. 我国土地市场发展与政府行为规范 [J]. 中国房地产，2006 (4)：62-65.

[149] 陈鹏. 地方政府土地违法行为探析 [J]. 经济研究导刊，2008 (8)：129-131.

[150] 陈天宝，许惠渊，庞守林. 农村土地制度变革中的地方政府行为分析 [J]. 农业经济问题，2005 (1)：44-49.

[151] 陈小君. 坚持农村土地制度的物权性 [J]. 东吴法学，2005 (2)：53-56.

[152] 陈学业，肖海波. 地理信息技术支持下的土地执法监控体系 [J]. 测绘科学，2012 (2)：197-198.

[153] 陈燕，张飞. 我国农地过度非农化的经济学解释 [J]. 经济体制改革，2009 (2)：97-100.

[154] 陈哲，欧名豪，李彦. 政府行为对城市土地利用的影响 [J]. 城市问题，2010 (12)：73-76.

[155] 陈志刚，王青，赵小风，等. 中国土地违法现象的空间特征及其演变趋势分析 [J]. 资源科学，2010，32 (1)：1387-1392.

[156] 崔磊. 土地犯罪的多维解读 [J]. 天津商业大学学报，2011

(5)：54-60.
[157] 道格拉斯·C. 诺思. 经济史中的结构与变迁 [M]. 上海：上海人民出版社，1994.
[158] 房言法. 谈《刑法》增设的土地犯罪条款 [J]. 北京房地产，1997 (6)：21-22.
[159] 杜军. 土地犯罪研究 [J]. 现代法学杂志，1999 (5)：56-60.
[160] 傅勇. 中国式分权与地方政府行为：探寻转变发展模式的制度性框架 [M]. 上海：复旦大学出版社，2010.
[161] 符加林，王炳志. 中央政府声誉、地方政府行为与土地监控效果——对郑州违规用地行为的分析与引伸 [J]. 华东经济管理，2006 (12)：24-27.
[162] 甘藏春，崔岩，张婉丽. 土地管理体制改革势在必行——论我国现行土地管理体制的缺陷 [J]. 中国土地科学，1998，12 (2)：15-18.
[163] 高鹤. 财政分权、经济结构与地方政府行为：一个中国经济转型的理论框架 [J]. 世界经济，2006 (10)：59-68.
[164] 盖凯程，李俊丽. 中国城市土地市场化进程中的地方政府行为研究 [J]. 财贸经济，2009 (6)：121-126.
[165] 高铭暄，陈璐. 当代我国职务犯罪的惩治与预防 [J]. 法学杂志，2011 (2)：1-8.
[166] 高远. 反腐败与外商直接投资：中国的经验 [J]. 南方经济，2010 (2)：15-27.
[167] 关建华. 土地违法犯罪数学模型初探 [J]. 政法学刊，2002，19 (6)：48-50.
[168] 郭庆旺，贾俊雪. 地方政府行为、投资冲动与宏观经济稳定 [J]，管理世界，2006 (5)：17-25.
[169] 郭艳茹. 中央与地方财政竞争下的土地问题：基于经济学文献的分析 [J]，经济社会体制比较，2008 (2)：59-64.
[170] 哈耶克. 通往奴役之路 [M]. 北京：中国社会科学出版

社，1997.
[171] 何增科. 腐败与治理状况的测量、评估、诊断和预警初探 [J]. 毛泽东邓小平理论研究，2008（11）：1-10.
[172] 胡传景，欧名豪，沈士芹. 浅析地方政府土地违法现象 [J]. 中国房地产金融，2007（2）：34-37.
[173] 胡传景，张洪武. 从“三权”角度透析地方政府土地违法行为 [J]. 资源与产业，2007（3）：68-71.
[174] 贾康. 分税制改革需要继续深化 [J]. 中国改革，2006（2）：45-47.
[175] 姜爱林. 利用土地进行犯罪活动的初探 [J]. 中国土地科学，1994，8（2）：21-25.
[176] 姜爱林. 论土地违法中的政府行为 [J]. 国土经济，1997（5）：38-40.
[177] 姜爱林. 论土地附属刑法的几个问题 [J]. 国土经济，1995（2）：50-54.
[178] 金丹，於嘉. 我国国有土地使用权出让方式完善之我见 [J]. 湖北经济学院学报（人文社会科学版），2007，4（5）：108-109.
[179] 匡家在. 土地出让金制度变迁与地方政府行为 [J]. 中共中央党校学报，2009（2）：46-50.
[180] 匡家在，地方政府行为的制度分析：基于土地出让收益分配制度变迁的研究 [J]. 中央财经大学学报，2009（4）：8-13.
[181] 郎佩娟. 农村土地流转中的深层问题与政府行为 [J]. 国家行政学院学报，2010（1）：28-32.
[182] 李名峰. 我国农地征用中的寻租问题研究 [J]. 华中师范大学学报（人文社会科学版），2010，49（2）：60-66.
[183] 李俊丽. 城市土地出让中的地方政府经济行为研究 [D]. 成都：西南财经大学，2008.
[184] 李名峰，胡继亮. 不完备法律理论对完善我国土地管理法治的

启示［J］. 理论月刊，2010（2）：104-107.

［185］李明月，胡竹枝. 分权体制下的中央政府土地收益分享安排［J］. 财经论丛，2005（2）：62-65.

［186］李全庆，龙开胜，孙雪峰. 基于相关性分析的土地违法结构与经济结构变化关系探讨［J］. 资源科学，2009（4）：629-633.

［187］李相范. 土地违法行为的经济学分析［D］. 长春：吉林大学，2010.

［188］李旭. 社会系统动力学——政策研究的原理、方法和应用［M］. 上海：复旦大学出版社，2009.

［189］李云. 我国土地市场中政府行为的经济学探析［J］. 学术界，2005（5）：165-170.

［190］李照作. 法治政府理论在实践中的困扰——地方政府周期性土地违法现象的启示［J］. 产业与科技论坛，2008（7）：25-26.

［191］梁慧星. 靠什么制约公权力的滥用？［J］. 时代法学，2004，2（3）：3-5.

［192］梁若冰. 财政分权下的竞争激励、部门利益与土地违法［J］. 经济学，2009，9（1）：283-306.

［193］林喆. 土地开发领域的行政腐败与反腐败［J］. 法学，2009（1）：29-35.

［194］刘爱民. 土地违法行为及治理对策研究［J］. 中国房地产金融，2008（6）：34-37.

［195］刘滨. 地方政府土地管理行为失范及预防研究［D］. 大连：大连理工大学，2005.

［196］刘春花. 宽严相济：中国耕地资源保护的刑事政策选择［J］. 兰州学刊，2011（4）：86-91.

［197］刘法威. 经济增长与违法用地的关系分析［J］. 资源科学，2010（8）：1558-1562.

［198］刘建清. 论职务犯罪心理及其预防［J］. 政法学刊，2005，22（1）：38-40.

[199] 刘明国. 土地违法案件查处要走出"因公违法"认识误区 [J]. 农村工作通讯, 2004 (5): 4.
[200] 龙开胜, 陈利根. 中国土地违法现象的影响因素分析——基于1999~2008年省际面板数据 [J]. 资源科学, 2011, 33 (6): 1171-1177.
[201] 陆汝成, 黄贤金. 中国省域违法占用耕地的空间效应 [J]. 中国人口·资源与环境, 2011, 21 (11): 86-91.
[202] 孟彬. 基于地理信息系统的土地资源管理系统的构建 [J]. 资源与人居环境, 2010 (4): 34-35.
[203] 倪秋菊, 倪星. 政府官员的"经济人"角色及其行为模式分析 [J]. 武汉大学学报, 2004, 57 (2): 260-267.
[204] 倪星, 李必军. 耕地资源流失中的地方政府行为研究 [J]. 湖北行政学院学报, 2006 (6): 74-78.
[205] 钱忠好. 农村土地保护政策失灵原因探析 [J]. 湖北社会科学, 2004 (1): 143-149.
[206] 清风. 土地约谈·禁止群租 [J]. 中国房地产, 2011 (1): 13-14.
[207] 曲福田, 谭荣. 中国土地非农化的可持续治理 [M]. 北京: 科学出版社, 2010.
[208] 青木昌彦. 比较制度分析 [M]. 上海: 远东出版社, 2001.
[209] 沈飞等. 政府制度性寻租实证研究 [J]. 中国土地科学, 2004 (4): 3-8.
[210] 石晓平, 曲福田. 经济转型期的政府职能与土地市场发育 [J]. 公共管理学报, 2005 (1): 73-77.
[211] 孙蕊, 张景奇. 治理理论对于违法用地遥感监查系统的改进研究 [J]. 资源科学, 2013, 35 (3): 561-568.
[212] 孙宪忠. 论我国土地权利制度的发展趋势 [J]. 中国土地科学, 1997, 11 (6): 15-21.
[213] 孙哲, 赵可金. 美国国会对腐败问题的治理 [J]. 清华大学学

报（哲学社会科学版），2009（2）：131-142.
[214] 宋雅建. 土地违法行为的经济学分析 [J]. 农机化研究，2003（1）：219-221.
[215] 谭荣，曲福田. 中国农地非农化与农地资源保护：从两难到双赢 [J]. 管理世界，2006（12）：50-59.
[216] 谭术魁，张孜仪. 房地产领域腐败诱发因素及其治理对策 [J]. 中国房地产，2011（3）：63-68.
[217] 唐云松，梁贤杰. 中国土地寻租问题的治理——以公共选择理论为视角 [J]. 社会科学家，2010（8）：97-100.
[218] 陶坤玉，张敏，李力行. 市场化改革与违法：来自中国土地违法案件的证据 [J]. 南开经济研究，2010（2）：28-43.
[219] 陶进华. 地方政府土地违法利用背后的主要原因及对策 [J]. 成都行政学院学报，2010（6）：43-46.
[220] 田江. 破坏土地资源犯罪研究 [D]. 长沙：中南林业科技大学，2009.
[221] 王定伟. 完善执法监察体制 重拳出击土地违法 [J]. 河南国土资源，2005（8）：23.
[222] 王杰. 治理土地违法：仅仅“问责”还不够 [J]. 国土资源导刊，2010（3）：21-22.
[223] 王磊荣. 当前我国农村土地违法案件存在的原因和对策 [J]. 农业经济问题，2007（6）：36-39.
[224] 王伟林. 土地违法对经济增长的影响研究分析 [J]. 中国农学通报，2010（18）：438-442.
[225] 王雪峰，葛燕平. 当前土地违法行为的原因分析及其对策 [J]. 国土资源，2008（8）：40-43.
[226] 魏锋. 中国省域腐败邻居效应的实证研究 [J]. 经济社会体制比较，2010（4）：101-109.
[227] 吴军辉，邱庄胜，赵云川，等. 土地行政法治的困境与改良——珠江三角洲土地行政执法研究之一 [J]. 南方经济，

2005（12）：18-20.
［228］伍振军，张云华，孔祥智. 交易费用、政府行为和模式比较：中国土地承包经营权流转实证研究［J］. 中国软科学，2011（4）：174-183.
［229］熊永明，舒洁玲. 简论新刑法中的土地犯罪［J］. 南昌大学学报（社会科学版），2000（3）：55-59.
［230］徐现祥，王贤彬. 任命制下的官员经济增长行为［J］. 经济学（季刊），2010，9（4）：1447-1466.
［231］许婷. 浅议共同受贿犯罪的处罚原则［J］. 法制与社会，2009（6）：43-44.
［232］杨灿明，赵福军. 行政腐败的宏观经济学分析［J］. 经济研究，2004（9）：101-109.
［233］杨涛. 土地违法问题本质是地方政府违法［J］. 科学决策，2006（6）：41-46.
［234］杨文君，郭春华. 我国土地行政问责制的构建和完善［J］. 山东农业大学学报（社会科学版），2011（4）：71-76.
［235］野口悠纪雄. 土地经济学［M］. 北京：商务印书馆，1997.
［236］叶汝明. 土地违法现象屡禁不止的原因与对策［J］. 浙江国土资源，2003（6）：50-51.
［237］余纪云. 当前土地招拍挂操作过程中若干问题辨析［J］. 河南国土资源，2005（4）：12-13.
［238］于可，姜爱林. 侵占土地罪探讨［J］. 调查与探索，1996（1）：12-16.
［239］俞可平. 治理与善治［M］. 北京：社会科学文献出版社，2000.
［240］曾永昌. 论土地市场的政府垄断［J］. 社会科学研究，2002（4）：27-33.
［241］詹姆斯·A. 尼斯坎南. 官僚制与公共经济学［M］. 北京：中国青年出版社，2004.
［242］詹姆斯·M. 布坎南. 自由、市场与国家［M］. 北京：北京经

济学院出版社，1998.
[243] 张成玉. 土地犯罪与法律责任研究 [J]. 中国土地，1997 (7)：30-31.
[244] 张飞，曲福田. 从地方政府之间博弈的角度看土地市场秩序 [J]. 经济问题探索，2005 (6)：57-60.
[245] 张飞. 中国农地非农化中政府行为研究——基于中央与地方政府间博弈的分析 [D]. 南京：南京农业大学，2006.
[246] 张宏强. 地方政府土地违法行为及其法律责任研究 [D]. 南京：南京农业大学，2011.
[247] 张莉，王贤彬，徐现祥. 地方官员的土地引资 [R]. IRE 工作论文，NO. 2011001.
[248] 张莉，徐现祥，王贤彬. 地方官员合谋与土地违法 [J]. 世界经济，2011 (3)：72-88.
[249] 张乃贵. 当前我国土地违法现象的特点、原因及治理对策 [J]. 国土资源通讯，2004 (1)：45-48.
[250] 张显未. 制度变迁中的政府行为理论研究综述 [J]. 深圳大学学报 (人文社会科学版)，2010 (3)：76-81.
[251] 张秀智，丁锐. 土地腐败问题的行政审批视角分析 [J]. 经济管理，2008 (13)：67-70.
[252] 张羽. 国土资源领域腐败面面观 [J]. 国土资源导刊，2010，7 (10)：22-24.
[253] 张治飞. 土地执法监管快速反应平台建设探讨 [J]. 广东土地科学，2012 (1)：42-44.
[254] 翟峰. 土地 “问责” 何以 “动真格”？ [J]. 资源与人居环境，2010 (21)：38-39.
[255] 翟峰. 关于把土地违法报告制度纳入地方性立法的思考 [J]. 资源与人居环境，2011 (10)：32-33.
[256] 赵杭莉. 我国城市化过程中土地违法问题研究 [J]. 人文杂志，2012 (1)：184-188.

[257] 郑纪芳，史建民. 土地主体违法行为的实证研究：以 35 起土地违法案例为例 [C]. 2008 年全国博士生学术论坛——农林经济管理论文，2008.
[258] 郑思齐，师展. “土地财政”下的土地和住宅市场：对地方政府行为的分析 [J]. 广东社会科学，2011 (2)：5-10.
[259] 郑晓俐，占超. 防止土地违法行为的立法思考 [J]. 广东土地科学，2007 (6)：40-43.
[260] 郑振源. 土地利用总体规划的改革 [J]. 中国土地科学，2004 (4)：13-18.
[261] 仲济香. 土地督察对执法力度效果的评价 [J]. 中国土地科学，2011，25 (10)：3-7.
[262] 周飞舟. 大兴土木：土地财政与地方政府行为 [J]. 经济社会体制比较，2010 (3)：77-89.
[263] 周建国. 土地违法与犯罪的原因及对策 [J]. 理论与实践，2003 (4)：48-49.
[264] 周飞舟. 分税制十年：制度及其影响 [J]. 中国社会科学，2006 (6)：100-115.
[265] 周厚兴. 土地犯罪研究 [D]. 长春：吉林大学，2006.
[266] 周建国. 土地违法与犯罪的原因及对策 [J]. 理论与实践，2003 (4)：48-49.
[267] 周黎安，李宏彬，陈烨. 相对绩效考核：关于中国地方官员晋升的一项经验研究 [J]. 经济学报，2005 (1)：83-96.
[268] 周黎安. 转型中的地方政府：官员激励与治理 [M]. 上海：格致出版社，2008.
[269] 周雪光. 基层政府间的“共谋现象”—— 一个政府行为的制度逻辑 [J]. 社会学研究，2008 (6)：10-32.
[270] 周小丹. 浅议新形势下地方政府的土地违法行为 [J]. 唯实，2009 (6)：47-51.
[271] 周勇. 农村土地交易主体、流通模式与地方政府行为 [J]. 改

革，2008（12）：120-124.
[272] 周滔，杨庆媛，丰雷. 土地出让市场的博弈分析：利益背景与政府行为过程［J］. 中国土地科学，2006，20（4）：18-23.
[273] 竹立家. 土地腐败为何屡禁不止［J］. 人民论坛，2006（22）：12-13.

附　　录

FULU　DIAOCHA WENJUAN

调查问卷

尊敬的先生/女士：

您好！本调查是“地方政府土地违法行为治理研究”课题的部分研究内容。该项目旨在通过对我国地方政府土地违法行为治理的研究，了解地方政府土地违法的行为动机，构建地方政府土地违法行为治理体系，为地方政府土地违法行为的治理实践提供客体支持，也为治理政策修订提供科学依据。

您提供的信息仅用于学术研究之用，我们会对每份问卷采取匿名方式处理，保证对您的个人资料和观点严格保密，请您不必有顾虑，您的真实回答对我们的研究非常重要。

衷心感谢您的积极参与和大力支持！

“地方政府土地违法行为治理研究”课题组

2012 年 10 月

第一部分：个人基本信息

请根据您的真实基本资料填写：

1. 性别： □男 □女

2. 年龄： □30岁以下 □31~40岁 □41~50岁 □51~60岁 □61岁及以上

3. 受教育程度： □高中及以下 □大专 □本科 □研究生及以上

4. 职业情况： □政府公职人员 □新闻工作者 □企业工作人员 □律师 □专家学者 □其他

5. 是否了解地方政府的土地违法行为：

□未听说 □听说 □了解 □比较了解 □非常了解

6. 您所知道的地方政府土地违法信息，一般是从哪里获取的？

□网络 □电视 □工作 □报纸 □朋友聊天 □其他

第二部分：对地方政府土地违法行为治理主体的感知

7. 您对当前地方政府土地违法行为的治理工作满意吗？

□很满意 □比较满意 □满意 □比较不满意 □非常不满意

8. 您认为中央政府在治理地方政府土地违法行为过程中，能做到依法办事吗？

□完全不能 □基本不能 □基本能够 □效果较好 □效果很好

9. 您认为地方国土部门在治理地方政府土地违法行为过程中，能做到依法办事吗？

□完全不能 □基本不能 □基本能够 □效果较好 □效果很好

10. 您认为地方监督机关在查办地方政府土地违法案件时，能做到依法办案吗？

□完全不能 □基本不能 □基本能够 □效果较好 □效果很好

11. 您认为地方政府土地违法行为的治理属于以下哪个或哪些政

府部门的管辖范围：

□中央政府　□地方政府　□国土部门　□纪检监察机关　□司法机关

12. 您认为以下哪级政府或部门应首先介入地方政府土地违法行为的治理工作：

□中央政府　□省级政府　□市级政府　□国土部门　□纪检监察机关　□司法机关

13. 您认为地方政府土地违法行为的治理工作应由以下哪级政府或部门主管：

□中央政府　□省级政府　□市级政府　□国土部门　□纪检监察机关　□司法机关

14. 您认为加强政府部门间的协同合作是否有助于治理地方政府土地违法行为：

□非常有帮助　□比较有帮助　□没有帮助　□稍微阻碍　□严重阻碍

15. 您认为加大非政府主体参与监督的比重是否有助于治理地方政府土地违法行为：

□非常有帮助　□比较有帮助　□没有帮助　□稍微阻碍　□严重阻碍

16. 您认为在征地过程中赋予农民更大的权力是否有助于治理地方政府土地违法行为：

□非常有帮助　□比较有帮助　□没有帮助　□稍微阻碍　□严重阻碍

17. 您认为失地农民上访维权是否有助于治理地方政府土地违法行为：

□非常有帮助　□比较有帮助　□没有帮助　□稍微阻碍　□严重阻碍

18. 您认为新闻网络等媒体更加关注，且对违法案件跟踪曝光，是否有助于治理地方政府土地违法行为：

□非常有帮助 □比较有帮助 □没有帮助 □稍微阻碍 □严重阻碍

第三部分：对地方政府土地违法行为治理对象的感知

19. 您认为目前我国地方政府的土地违法情况严重吗？

□很严重 □较严重 □一般 □不严重

20. 您认为目前我国哪一层级地方政府的土地违法情况最严重？

□省级政府 □市级政府 □县级政府 □乡级政府

21. 您认为土地违法被发现的可能性越大，地方政府土地违法行为就会越少吗？

□没有作用 □作用很小 □作用一般 □作用较大 □作用很大

22. 您认为土地违法被查处的可能性越大，地方政府土地违法行为就会越少吗？

□没有作用 □作用很小 □作用一般 □作用较大 □作用很大

23. 您认为加大对土地违法的刑事处罚力度，地方政府土地违法行为就会减少吗？

□非常有帮助 □比较有帮助 □没有帮助 □稍微阻碍 □严重阻碍

24. 您认为加大对土地违法的行政处罚力度，地方政府土地违法行为就会减少吗？

□非常有帮助 □比较有帮助 □没有帮助 □稍微阻碍 □严重阻碍

25. 您认为加大对土地违法的经济处罚力度，地方政府土地违法行为就会减少吗？

□非常有帮助 □比较有帮助 □没有帮助 □稍微阻碍 □严重阻碍

26. 您认为加强廉政文化教育，地方政府土地违法行为就会减少吗？

□非常有帮助　□比较有帮助　□没有帮助　□稍微阻碍　□严重阻碍

27. 您认为加强依法用地的宣传教育，地方政府土地违法行为就会减少吗？

□非常有帮助　□比较有帮助　□没有帮助　□稍微阻碍　□严重阻碍

28. 您认为减少 GDP 在政绩考核中的比重，地方政府土地违法行为就会减少吗？

□非常有帮助　□比较有帮助　□没有帮助　□稍微阻碍　□严重阻碍

29. 您认为国家出台土地领域反腐败的政策越多，地方政府土地违法行为就会越少吗？

□没有作用　□作用很小　□作用一般　□作用较大　□作用很大

30. 您认为对地方政府行政权力的制约制度越严密，地方政府土地违法行为就会越少吗？

□没有作用　□作用很小　□作用一般　□作用较大　□作用很大

31. 您认为中央政府对土地政策的修改越频繁，地方政府土地违法行为就会越少吗？

□没有作用　□作用很小　□作用一般　□作用较大　□作用很大

32. 您认为土地违法带来的经济增长越少，地方政府土地违法行为就会越少吗？

□没有作用　□作用很小　□作用一般　□作用较大　□作用很大

33. 您认为土地违法带来的财政收入越少，地方政府土地违法行为就会越少吗？

□没有作用　□作用很小　□作用一般　□作用较大　□作用

很大

34. 您认为土地违法带来的灰色收入越少，地方政府土地违法行为就会越少吗？

□没有作用　□作用很小　□作用一般　□作用较大　□作用很大

35. 您认为周围地区对土地违法行为的治理力度越大，地方政府土地违法行为就会越少吗？

□没有作用　□作用很小　□作用一般　□作用较大　□作用很大

36. 您认为对以往土地违法行为的追责力度大，地方政府土地违法行为就会越少吗？

□没有作用　□作用很小　□作用一般　□作用较大　□作用很大

37. 您认为对土地违法行为具有负罪感，地方政府土地违法行为就会越少吗？

□没有作用　□作用很小　□作用一般　□作用较大　□作用很大

38. 您认为对辖区内建设用地指标越满意，地方政府土地违法行为就会越少吗？

□没有作用　□作用很小　□作用一般　□作用较大　□作用很大

39. 您认为重点项目建设用地的审批制度越合理，地方政府土地违法行为就会越少吗？

□没有作用　□作用很小　□作用一般　□作用较大　□作用很大

第四部分：对地方政府土地违法行为治理手段的感知

40. 您认为目前对地方政府的土地违法行为的监督力度大吗？

□大　□较大　□一般　□较小　□小

41. 您认为目前对地方政府的土地违法行为的查处力度大吗？

□大　□较大　□一般　□较小　□小

42. 您认为目前对地方政府的土地违法行为的惩罚力度大吗?

□大　□较大　□一般　□较小　□小

43. 您认为以下哪些手段在治理地方政府土地违法行为的过程中较为常见?

□土地督察　□土地问责　□卫片执法　□经济奖惩　□行政诉讼

44. 您认为以下哪些治理手段中，哪种花费成本最少?

□土地督察　□土地问责　□卫片执法　□经济奖惩　□行政诉讼

45. 您认为以下治理手段中，哪种最简单方便?

□土地督察　□土地问责　□卫片执法　□经济奖惩　□行政诉讼

46. 您认为以下治理手段中，哪种实施阻力最大?

□土地督察　□土地问责　□卫片执法　□经济奖惩　□行政诉讼

47. 您认为以下治理手段中，哪种最公开透明?

□土地督察　□土地问责　□卫片执法　□经济奖惩　□行政诉讼

48. 您认为以下治理手段中，哪种花费时间最短?

□土地督察　□土地问责　□卫片执法　□经济奖惩　□行政诉讼

49. 您认为以下治理手段中，哪种社会影响最大?

□土地督察　□土地问责　□卫片执法　□经济奖惩　□行政诉讼

50. 您认为以下治理手段中，哪种对地方政府的威慑力最大?

□土地督察　□土地问责　□卫片执法　□经济奖惩　□行政诉讼